ご先祖さまから恩恵をいただく

「ヒーリング」の魔法

Eriko

祈るだけで
お金や人間関係の悩みが
ほどけていく!

KADOKAWA

はじめに

✦あなたはご先祖さまから愛されている！

あなたは知っていますか？　あなたのご先祖さまたちは、いついかなる時でも、あなたを応援しているということを。

今生きているどんな人にも必ずご先祖さまはいますよね。また近しい家族がすでにこの世を去ったという人もいるでしょう。その亡き家族を含めたご先祖さまたちから、私たちは見守られ、サポートされているのです。

もしご先祖さまたちのいる世界につながったなら、誰もがご先祖さまからの愛を感じられるはずです。さらにその愛を受け取ることでヒーリングができ、あなたが今必要としている恩恵を与えてもらえます。

● 嫌いな相手と離れられない
● お金の心配が尽きない
● 自分の苦しみを消化できずに持ち続けている
● 孤独感が消えず不安がある

パートナーとの不仲やお金の問題など、あなたが抱えている長年の悩みはヒーリングを受けた瞬間、あっという間にほどけていくでしょう。

今こうして本書を読んでくださっているあなたには、もうその準備ができているはずです。

方法さえわかれば、誰でもすぐにご先祖さまとつながり、ヒーリングを受けることができます。特別な能力はいりません。

これから本書ではその方法をお伝えしていきます。

ぜひご先祖さまの恩恵を受け、幸せな未来を創っていってください。あなたが幸せになることが、ご先祖さまたちにとっての一番の望みなのです。

✦ご先祖さまがいる私たちの故郷「霊界」

ご先祖さまたちがいる世界を「霊界」といいます。

みなさんは霊界というと、どんなイメージを思い浮かべますか？

私は何となく、冷たくて幽霊の怨念《おんねん》渦巻く、おどろおどろしい世界をイメージしていました。ところが、私が初めてのヒーリングでつながった霊界は、それとはまったく真逆のところだったのです。


私が見た霊界は、愛にあふれ、とてもパワフルで温かい世界でした。


人間が生まれる前にいて、この世を去った時に戻る、魂の故郷のようなところでもありました。

亡くなった私たちのご先祖さまの魂も、その霊界にあります。

霊界にいる魂たちは成長を続けており、すでに霊性の高い次元にいます。そしてその高い次元からいつも私たちを見守ってくれて、エネルギーを与えてくれているのです。

私たちが霊界とつながると、いかに自分がご先祖さまに愛されて、大切にされているのかに気づきます。そして、何があっても見守ってもらえることを知り、「安心して生きていいんだ」と思えるのです。

さらに、「ご先祖さまからすべてを肯定されているのに、自分で自分を否定してはもったいない、もっと自分を信じよう」と思えるようになります。

結果的に生き方も徐々に変わり、もっと自分らしく、楽しく生きられるようになるのです。

その霊界とつながる手段が、本書で紹介するヒーリングです。

✦ヒーリングで人生が変わるのはなぜ？

霊界ヒーリングの力で、私の人生は大きく好転しました。今私は、子どもの頃から数十年続けているタロットを使って、YouTubeを配信しています。

おかげさまで日々「本当に今の自分にぴったりです」「元気が出ました」といったメッセージが届き、好評をいただいています。

そんな私も、小さい頃からずっと無理をして生きてきました。外見のコンプレックスと、常識から外れてはいけないというプレッシャーを抱え、常に人目を気にして、自分らしさを抑えながら生きてきたのです。

無理をしすぎて大学時代にとうとう限界が来ました。何をしても精神的につらくて、学校に行くこともできず、一人暮らしの部屋に引きこもり気味になってしまったのです。

結局大学は中退したのですが、その間にもともと好きだったタロットや占い、スピリチュアルな世界を通してやっと少しずつ本来の自分を取り戻していきました。

その後も普通の社会人として働くのも性に合わなかったため、「それならばいっそ好きだったタロットを本格的に学んでみよう！」と決意し、占いやセラピーの世界で生きる道を選ぶことになったのです。

タロット以外にも、カラーセラピーやリンパトリートメントなど心と体に関する学びを深め、占い師やセラピストとして働いていました。

しかし、結婚して子どもが生まれてからは、セラピストとしての活動が思うようにできず、再び方向転換を迫られます。

進路に悩んだ結果、身内のアドバイスを機に三択タロット占いのYouTubeチャンネルをスタートすることに。

しかし、こちらも途中から思うように伸びず、悩みに悩んだ時に受けたのが、海外のミディアム（霊媒師）によるヒーリングでした。その時にミディアムがつなげてくれたのが、ご先祖さまのいる霊界だったのです。

霊界とつながった時、言葉には表せないほど、とてつもなく大きな愛に包まれるのを感じました。

自分をいつも温かい眼差しで見守ってくれる人がいたんだ、1人で生きていたんじゃなかったと思えて、これ以上ない安堵感を覚えたのです。

自分も含め、命あるものすべてが、世界から愛され、必要とされてこの地球に存在している。自分は許されている。生きていていいんだ、と感じられました。そしてそれまで抱えていた自己否定的な感覚が、一瞬にして吹き飛んだのです。

まるで何をどれだけやっても溶けなかった固い塊が、強いエネルギーによってバラバラに吹き飛び、あっという間に無力化されるような、強烈な感覚でした。

この経験は私の世界を大きく開き、生き方をがらりと変えてくれました。

それまで何をやっても中途半端で、人からほめられるようなこともなく、秀でた才能もない。だけれども、何とか世間の常識に合わせようともがいて、自信がないのに自分は大丈夫なふりをして生きていました。

そのせいでいつも疲れきっていた自分が、激変したのです。

もっと自由に生きていい。人と比べなくてもいい。自分でいい。

ご先祖さまの深い愛に触れ、ずっと自覚していた表現することへの恐れが以前よりなくなり、比例するように停滞していたYouTubeの再生数や登録者数が飛躍的に伸び始めました。

もしこの経験がなければ、悩みを抱えたまま生き続け、YouTuberとしてみなさんの力になることもあり得なかったかもしれません。

誰でもできるのがヒーリング

実際に霊界ヒーリングを体験してみて、他のセラピーにない素晴らしさを実感した私は、自分でもヒーラーになれないかと思い、学び始めました。

するとそこで、大きな発見がありました。

それは、ミディアムのような特別な能力がない人でも、方法さえわかれば霊界とつながれて、ヒーリングができるということです。

これなら、誰でもヒーリングを日常生活に取り入れ、その恩恵を受け取ることができます。

ヒーリングは、専門家の力を借りるのも効果的でいいのですが、時間や費用の問題もあり、気軽に受けられる人ばかりではありませんよね。

その点、セルフケアをするように、自分で霊界とつながれたら、いつでも必要な時に霊界のエネルギーを受け取ることができます。

しかもそれを周りの大切な人に送ることも可能です。

私も、少し調子が悪いなと思った時は、霊界とつながって自分をヒーリングして整えています。また誰かが不調の時にも相手にヒーリングするのですが、「体が軽くなった」などと言われるようになりました。

危うく損な契約をしそうなところを、セルフヒーリングをした直後にやめられたこともあります。

他にも、ご先祖さまから守られているとしか思えないことを、よく経験するようになりました。

ぜひみなさんにもそのような素晴らしい体験をしてほしいと思い、セルフヒーリングの方法を紹介することにしたのです。

本書の一番の目的は、あなたがご先祖さまからのヒーリングを受けて心身を整え、運を良くしていくこと。

そしてそれにより、ご先祖さまが望んでいるように、あなたに幸せな人生を歩んでいただくことです。

そのため本書では、実際のヒーリング方法のほか、霊界につながるための心得や日頃心がけたいこと、霊界から送られるサインをキャッチする方法など、日常生活で簡単にできる開運法を紹介していきます。

✦自分らしく生きて幸運体質になろう

今は霊界とつながることが以前よりスムーズにできる、チャンスの時代です。

というのも、お金や物質を求めるよりも、自由で縛られない生活や、精神的な充実など、心の豊かさを重視する方向へと流れが変わってきているからです。

占星術でも2020年末頃から「風の時代」になり、時代の転換期だといわれていますよね。

地球人類が成長して幸せになるために、紛れもなく宇宙が変化を望んでいるのです。実際に最近流れが大きく変わったと感じる人も多いのではないでしょうか。

中でも、見えない世界とつながることへの抵抗が、大きく薄れてきたといえるでしょう。

新しい時代になり、誰もが他人に惑わされず、自分自身の感性を磨いて、自分らしく生きることが容易になっています。

これからは誰もが見えない世界からのエネルギーを得ることができて、今まで思ってもいなかったような幸運に恵まれることも可能だといえます。

過去に何があっても関係ありません。どんな人生も、変えることができるのです。

見えない世界のことは、簡単に科学的に証明するのは難しいですよね。自分で「霊界とつながれたかもしれない」「ヒーリングして気分が楽になった気がする」と判断するしかありません。

答えは自分の中にあるといえます。その答えを教えてくれるのが直感です。

自分の直感を大事にしているうちに、実際にそれが正しかったと思うことが起きて、答え合わせができるはずです。

自分の中の答えが見つかるよう、ご先祖さまたちもメッセージを送ってくれています。直感が鋭くなれば、それも受け取りやすくなるでしょう。


本書の中でも、直感力を磨く方法を紹介していきます。

直感力が鍛えられると、よりエネルギーを敏感に感じられるようになります。霊界とのパイプが太くなり、ヒーリングの効果も高まっていくはずです。

普段の生活でも、「一見いい話だけど裏がありそうだな」「いい人だけど自分には合わないかもしれない」というように、自分にとって必要なものとそうでないものがわかるようになるでしょう。


さらに、直感に従って行動すると、どんどん運が巡ってきます。

自分の人生を好転させたいなら、思い切って直感に従い、自分の気持ちを最優先して行動してみる勇気も必要です。

そうしていると「インナーチャイルド」といわれる、幼い頃から持っていたあなた自身の本質が心から喜びます。

「自分はこの時をずっと待っていたんだ」と思えるくらい、至福の感覚がわき上がってくるはずです。

心から幸せを感じているうちに、内側から光り輝く人になって、周りの人に明るい希望を届けられるようになるでしょう。そんな人はこれからの時代にますます必要とされていくはずです。

✦悩みがどんどん消えていく「ヒーリング」のやり方

ではこれから、霊界ヒーリングの方法をお伝えしていきます。

最初に霊界の仕組みや、ヒーリングがもたらす効果について、もう少し詳しく知っていただきます。

理解が深まったところで、いよいよヒーリングの実践です。今回は霊界だけでなく、ハイヤーセルフや宇宙とつながる特別なヒーリングの方法もご説明します。

次に、ご先祖さまや高次元の存在からのサインを読み解く方法をお伝えします。高次元の世界とつながると、日常生活でたくさんのサインをいただくことができます。そこに込められたあなたに必要なメッセージを受け取っていきましょう。

霊界につながったり、サインを読むために必要な直感力を磨く方法もお教えします。

特に月の力を利用すると、感覚が冴えて、開運につながります。直感で自分に必要なものを取捨選択し、運をどんどん良くしていきましょう。

カラーが教えてくれるサインも利用しましょう。私のカラーセラピストとしての経験をもとに、各色が持つエネルギーをご説明します。

お伝えするワークはどれも簡単にできることばかり。ご先祖さまたちが必ずサポートしてくれます。

自分を信じて、楽しみながら、実践してみてください。あなたにもきっとできるはずです。

ご先祖さまから恩恵をいただく「ヒーリング」の魔法

Contents

第1章

私たちを常に守ってくれるご先祖さまの存在

第2章

恩恵がふりそそぐ「ヒーリング」の魔法

第3章 愛のサインをキャッチして「直感力」を磨く！

第4章

月のパワーで浄化！ぐんぐん幸運を引き寄せる

第5章 あなたを手助けする7色のカラーメッセージ

STAFF
ブックデザイン 白畠かおり
イラスト さらさまゆこ
編集協力 橋本留美
DTP エヴリ・シンク
校正 ぷれす
編集 杉山 悠

第 1 章

私たちを常に守ってくれる
ご先祖さまの存在

ご先祖さまとつながる霊界ヒーリング

✦霊界は「愛しかない」温かい世界

ヒーリングで霊界とつながる前に、ご先祖さまがいる霊界とはどういうものか、ヒーリングで何ができるのか、もう少し理解を深めていきましょう。

これからあなたがつながろうとしている霊界とは、宇宙に存在する世界の一つであり、「スピリットワールド」ともいわれています。今私たちがいる世界よりも霊的にとても高い次元にあります。

そこは、とにかくパワフルな愛のエネルギーに満ちあふれた、温かい場所。この世界に生きている私たちの魂がもともといて、亡くなったらまた戻るところでもあります。これまでにこの世を去った人たちの魂はすべてそこにあります。

亡くなった祖父母のような身近な人を含め、脈々とあなたに命をつないできたすべてのご先祖さまがそこにいるといっていいでしょう。

宇宙は常に成長と拡大をしています。霊界も例外ではなく、すべての亡くなった人たちは霊的に成長していて、高い波動の魂となっているのです。

霊界は実はとても身近なもの。私たちのいる世界のすぐそばにあるのです。私たちがご先祖さまを意識するのは、お盆やお彼岸の時ぐらいで、普段はあまりないかもしれません。それでもご先祖さまたちはすぐ近くにいてくれて、いつも私たちのことを見守ってくれているのです。

さらに、私たちにパワフルなエネルギーを送ってくれたり、必要なメッセージを届けたりしてくれています。

私たちは絶対的な応援を受けている

私が初めてヒーリングを経験した時、「霊界ってなんて素晴らしい場所なんだろう！」とこの上ない感動を覚えました。

その時に確信したのが、この世に生きている人の誰もが、無数にいるご先祖さまたちから命を託されて生まれ、絶対的な応援を受けているということです。

それまで私は、誰も自分のことを本当に理解してくれる人はいない、人間はしょせん1人、という孤独感を抱えて生きてきました。

しかしそうではなく、霊界の存在たちは常に私のそばにおり私のことを全部わかってくれていて、決して1人で生きているのではないと実感したのです。

その時、本来は霊界の存在たちが人間に悪影響を与えることはできないのではないか、と感じました。

恨みを持って死んだ人が生きている人に祟ったり、ご先祖さまが悪行のカルマを子孫に残すといったことは、あり得ないように思えたのです。

むしろ、生きている人の念だったり、自分自身の罪悪感やネガティブな思いのほうが、強くストレートに現実に影響していると感じます。

さらに霊界ヒーリングでつながる世界は愛にあふれたまばゆい魂の故郷のような世界です。

そう気付けたおかげで、私は、見えない世界をもう怖がらなくていいんだ、いつでも霊界とつながって助けを求めていいんだ、と思えました。するととても気持ちが楽になり、安心して生きていけるようになったのです。

その霊界とつながると、ご先祖さまや私たちを見守る存在たちから、パワフルなヒーリングのエネルギーを受け取ることができます。

今自分に必要なメッセージなどを教えてもらえることもあるでしょう。

しかも霊界とつながるには、特別な能力は必要ありません。

これからお伝えする方法を参考に、集中して意識を合わせていけば、誰でもいつでもどこでも霊界にアクセスできます。

それだけ、霊界は私たちにオープンなものだということ。私たちがつながろうとしたら、いつでもゲートを開けてくれるのです。

「こうしないとつながれない」という条件はありません。「間違えると良くないことが起こる」というような怖いこともないので、緊張せずリラックスしてつながってみてください。

✦欲を忘れたほうがヒーリングできる

霊界ヒーリングは、特に目に見えない精神面にとても効果があります。

とても困っている、心が苦しい、つらいというように、心理的にダメージを受けている時にヒーリングをしてみてください。気持ちが楽になったり、立ち直る力がわいてくると思います。

あまり難しく考えず、霊界とつながって「今必要なヒーリングをください」と言うだけもOKです。あなたに必要なエネルギーを与えてもらえます。

霊界には、あなたの過去世から今までのすべての歴史があります。それを見ている存在たちは、今あなたに何が必要か、瞬時にわかってくれるのです。

本人が到底思いつかないような方法で、人生をより良い方向に導いてくれることも珍しくありません。ですから全部霊界にお任せする気持ちで、安心してヒーリングしましょう。

ただ、「今すぐお金が欲しい」というように思っていたとしても、ヒーリングですぐに現実がガラッと変わることは少ないかもしれません。しかし霊界にお任せして必要なエネルギーを受け取っているうちに、深く癒やされ、気持ちが軽く、前向きになってきます。その分行動しやすくなり、現実的に引き寄せるものが変わってくるはずです。

結果的に現実的な状況が改善するのはよくあること。いつの間にか金運や恋愛運などが上がっていく可能性は十分あります。

✦霊界とつなげてくれる「スピリットガイド」

霊界と私たちは直接つながるわけではなく、間にスピリットガイドという存在を介しています。

スピリットガイドとは、霊界にいて、私たちを霊界に導くことができる特別な存在。常に私たちを見守り、愛を届けてくれています。

スピリットガイドは、私たちが霊界につながる瞬間をいつでも待ってくれています。

ひとたび私たちが霊界に意識を向けたら、決して拒絶することなく、大歓迎でつないでくれるでしょう。

自分のご先祖さまがスピリットガイドになっていることもありますし、過去世でつながりのあった人がなることもよくあります。

ヒーリングで人生はどう変化するのか

✦ご先祖さまの愛で自己肯定感が上がる

霊界ヒーリングをすると、具体的にどんなことが起きるのでしょう。

霊界とつながると、まずご先祖さまや霊界の存在たちが向けてくれる圧倒的な温かいエネルギーを受け取ることになります。

自分がどれほどたくさんの存在たちから愛を向けられているのか、実感できるに違いありません。

霊界の愛とは、絶え間なく続く無償の愛です。

例えば大好きな人、子どもやペットなどに対して、とにかく何をしてもかわいいし許せる、一生大事にしたいと思うことはないでしょうか。何かしてあげたとしても、見返りを求めようとは思わないですよね。

そんな愛を誰もがいつも、霊界から受けているのです。

霊界の愛に気づけると、自分に対する意識が変わります。

こんなに大切にされているのに、自分が自分のことを低く見積もっていたらもったいない、もっと自分らしく生きようと思えるようになるでしょう。

そして自分を後回しにしなくなり、自分の心も体もちゃんとケアできるようになります。

自己肯定感が上がり、自分の軸もしっかりできるので、周りに合わせすぎて自分が見えなくなるようなこともなくなります。

✦孤独感が薄れ、トラウマも消えていく

さらに、自分は1人で生きているわけではないと感じることができ、大きな安心感を得ることができます。

1人で暮らす人はもちろん、たとえ家族と過ごしていても、人生を1人で生きているという感覚がないでしょうか。

「誰も自分のことをわかってくれない」と孤独感を抱いている人もいるかもしれません。自分は1人だと思うと、心細くてつらくなる時もあるはずです。

そんな時に、本当はご先祖さまなどたくさんの存在がいつもそばにいて、支えてくれているんだ、と思えたら、とても心強い気持ちになれるのです。

ヒーリングを受けると、トラウマや自己否定のような重い意識のエネルギーも消えていきます。

終わった後は、自分の波動が軽くなったように感じられるかもしれません。

波動が軽くなると、高い視点から自分を眺められるようになります。そして、「そういえば、ずっとこのことで悩んでいるな。でもそんなに振り回されなくてもいいんじゃないかな」と客観的にとらえられるようになり、囚われていた状況から抜け出せるのです。

私が初めて海外のミディアムを通じてヒーリングした時も、初めて感じたのは霊界の大きな愛でした。

そしてやはり、自分は1人ではなく、絶対的な応援を受けていると感じ、この上ない安堵感を覚えたのです。

それは、今まで経験してきたどんなセラピーでも得られない感覚でした。カラーセラピーやタロットで気になっていたことが解決したり、瞑想でリラックスできて集中力が高まるなど、他の方法でもたくさんの良い効果は得られます。

けれども霊界ヒーリングというのは、それとはまったく違うもの。自分という存在がどれほど大切で、たくさんの存在に愛されているかを実感することができたのです。

それまでは、自己否定的な価値観も、なかなか消すことができずにいました。自分らしさを抑えた結果大学に行けなくなり、そこで自分と向き合うようになって好きなことができるようになったのですが、それでもまだ心の深くに、冷たくて固い自己否定の塊がなかなか溶けきれず残っていたのです。

ところが、ヒーリングで霊界の圧倒的な愛のエネルギーを浴びたとたん、その塊が一瞬にして溶けてしまったのです。

悩んでいてもしょうがない。人と比べてもしょうがない。自分は許されている。自分を大切にして、もっと自分らしく生きて人生を楽しもう。問題があっても必ず自分で乗り越えられる……そんな感覚が深いところからわいてきて、今まであった心配事のすべてから解放された気がしました。

それからは、以前より自分を否定しなくなり、ありのままの自分で、ハートをオープンにして人とも付き合えるようになりました。

自分を出せないと他人に対して警戒心や緊張感を持ってしまうのですが、それも少なくなったのです。

さらに、ヒーリングを受けた時、ミディアムから私にも霊界ヒーリングの能力があると言われ、自分でもやってみたいと思うようになりました。

そこで、誰でも自分で霊界とつながりヒーリングができることを知り、自分でもセルフヒーリングをするようになったのです。人にも霊界のことを伝え、遠隔ヒーリングなどもするようになりました。

すると、さらに霊界とのつながりが深く感じられるようになったのです。そして今まで以上に心が楽になり、とても生きやすくなりました。

セルフヒーリングが素晴らしいと思うのは、さまざまな悩みを自分で解決できる点にあります。

これまで私は、自分だけでは解決できない悩みがあった時に、いろいろな占いやカウンセリング、セラピーなどを受けてきました。

ところが、そのように他の人の力を借りないと解決できなかった問題も、セルフヒーリングなら自分で解決できるのです。

他人にはなかなか打ち明けられない悩みなども、セルフヒーリングができれば、誰かに話さなくてもすみますよね。

✦複雑な家族のカルマも解決する⁉

霊界ヒーリングの効果として個人的に大きかったのが、父への気持ちの変化です。

私は思春期の頃から、なぜか父に対してずっと不信感や嫌悪感を抱えていました。

といっても、父が特にひどい性格だったわけでもなく、ことさら嫌なことをされたわけでもありません。ごく一般的な家庭の父親という感じで、優しいところもある人でした。

それなのに、父が何を言っても信じられず、嫌いな感情が拭えなかったのです。最初は自分の反抗期のせいなのだろうと思っていましたが、不思議とその気持ちは20代、30代になっても消えませんでした。

そのまま歳を重ね、母がお墓の引っ越しと改葬をした時のことです。

お墓に家族の知らない遺骨がありました。その時に初めて、父が母と結婚する前に2回結婚していて、亡くなった子どももいたことを知ったのです。

母に聞いても離婚歴は知っていたが、遺骨については知らなかったとのことでした。父はそのことを家族にずっと隠そうとしていたようです。

その時にやっと、私の父への感情はこれが原因だったのだとわかりました。私はずっと父が何かを隠そうとしていることを感じ取り、違和感を持っていたのです。

ただ、そこで原因はわかったものの、父への感情は複雑さを増す一方でした。父のことをどうとらえたらいいか、父に対してどんな態度を取ったらいいかわからなくなってしまったのです。

ところがセルフヒーリングをして、気持ちが変わりました。

ご先祖さまや霊界の存在たちにつながった時に、「もう悩まなくていいんだよ」と言われたような気がしたのです。

その時にやっと思考を超えて、父と自分自身への複雑な感情が浄化され、癒やされるのを感じ、もう父との関係で葛藤しなくてもいいんだとも思えました。

そうやって長年の悩み、苦しみが消えて、とても楽になったのを覚えています。

その後、父に自分の気持ちを話すこともできました。その時父は認知症を発症していたので、理解できたかはわかりません。けれども話すことで、私の心は解放され、秋晴れのような清々しい気持ちになれたのです。

もしセルフヒーリングをしなければ、自分だけでは解決できず、ずっと心にしこりが残っていたと思います。

なかなか消すのが難しい家族のカルマも、ご先祖さまたちはちゃんとわかっていて解決してくれるのだと、とてもありがたい気持ちになりました。

一般的に親子関係の問題は複雑で、解決しようとしてもなかなか難しいことが多いのではないでしょうか。

家族間だけでなく、問題が起こった時、現実面では法的に争ったり、警察など第三者に助けを求めることで、最終的に決着がついたりすることもあるでしょう。けれども、そこで抱えたトラウマのような重い感情はなかなか消せないものです。

年齢を重ねると、親の介護や看取りなどで、親に対する複雑な思いや葛藤が増して、大切な存在だからこそ苦しむ人もいるかもしれません。

そんな時も、ヒーリングはとても強力な力で心を癒やし、苦しい感情を解き放ってくれます。

特に忙しかったり、気力がなくてミディアムに会いに行くのはハードルが高い場合でも、セルフヒーリングなら、いつでも自分で自分の心を癒やすことができるのです。

✦運の流れをせき止めるブロックが外れていく

ヒーリングには、現実をより良いものにしてくれる効果もあります。


ヒーリングをして意識が変わり、行動が変わると、それに伴って問題が解決することが頻繁に起こるようになるのです。

私もヒーリングをするようになって、いろいろなことが改善しました。

具体的には、もともと私は事前にいろいろ考えすぎてしまったり、勇気がなくて、なかなか決断できなかったり、行動に移せないタイプでした。それが「こう言ってしまおう」「ここに行くことに決めた」とすぐに決断して行動できるようになったのです。

またそんな時には、予約が難しいはずのチケットがすぐに取れたり、必要な許可が下りたりと、スムーズに物事が進む状況が続きました。まるで自分の決意が後押しされているようだったのです。


他に、人間関係で今まで押しの強い相手に言い負かされたりすることがあったのですが、ヒーリング後は毅然《きぜん》とした態度が取れるようになりました。

勢いで仕事の話を進めようとする人の態度に違和感を覚え、途中で取りやめたところ、後で実は自分にとって良くない話だとわかったこともあります。

他にもヒーリング後に次のようなことがありました。

● 苦手なことや難しい仕事がなかなか進まなかったのに、スムーズにこなせる
● 元気がなかったペットにヒーリングすると、調子を取り戻してくれる
● こじれていた相手とスムーズに仲直りできた、もしくは不思議と会う機会

がなくなり自然と距離を置くことができた

● 困っている問題に対し、解決の糸口になる情報がピンポイントでやってきた
● 緊張するような場面でもスムーズに事を進めることができた

ヒーリング後は総じて気持ちの上でも現実的にも、今まで流れをせき止めていたブロックが外れ、本来の勢いを取り戻せるようなことが多いと感じます。

✦インナーチャイルドが喜べば、自由になれる

ヒーリングでご先祖さまの愛を感じ、自分らしく生きようとすると、自分のインナーチャイルドが笑顔になります。

インナーチャイルドというのは、自分の中にある幼心の自分です。宇宙の創造主、大いなる存在ともつながっている、本当の自分の感性ともいえます。

インナーチャイルドは何にも縛られません。いつも私たちに「もっと自由に生きていいよ。正解がわからなくても、自分が正しいと思うならそれでいいんだよ」とメッセージを送ってくれます。

自分で感じ、自分で選ぶということには責任が生じますよね。けれども、それによって自立ができます。そして自分にしかできない生き方ができるようになり、インナーチャイルドもとても喜んでくれるのです。

実はこのインナーチャイルドの喜ぶような生き方をするというのが、私たちが心豊かで幸せな人生を歩むためにとても重要なポイント。

私たちは子どもの時に誰でも「自分はこれが好き」「あれがいい」と自分の思いを伝えられていました。

けれども、成長するにつれて周りから「それは間違いだよ」とか「普通はこうだから」と否定され、常識を刷り込まれていきます。

そして「人と違うことをしたら恥ずかしい」と常識に従うようになり、だんだん本当の自分の思いに耳を傾けなくなるのです。

もちろん社会ではある程度常識に合わせた行動が必要でしょう。でも自分を抑圧してばかりいると、本当にやりたいこともできず、真の幸せからは遠ざかっていきます。

そんな時でも、インナーチャイルドは決して自分を見失わず、「あなたは本当にそれで楽しいの？」「その生き方でいいの？」と強く問いかけてくれます。

その声に耳を傾けることで、忘れていた自分のしたいことを見つけ、自分の行くべき道に進めるようになるのです。

私の場合、カードリーディング中に自分がどう感じたかを無視して「普通はこういう意味だから」と話そうとすると、ぐっと喉が詰まって喋りにくくなります。そんな時は決まってインナーチャイルドが「そんな意味のないリーディングをして本当にいいの？」と問いかけてくれるのです。

そのおかげで、カードの表面にはない深い部分を読み取った、自分らしいリーディングができているといえます。

インナーチャイルドには人それぞれの個性があります。自分のインナーチャイルドを知ると、本当の私ってこういう人なんだ、イメージと違う、と驚くこともあるでしょう。

しかしそんな自分を受け入れて、一緒に生きてみてください。

子どもには無意識に未来とつながれる能力があります。

自分の中にいるインナーチャイルドも例外ではなく、新しい時代にアクセスできるといえます。ですからインナーチャイルドを受け入れると、来たる時代に合わせて、感性を新しくアップデートできるはずです。

直感も冴え、思ってもみなかった発想力が開花したり、クリエイティブな能力が発揮されたりするでしょう。

自分らしい魅力を輝かせることができて、周りから見るとキラキラ輝く人になれるはずです。特に誰もが自由に生きたくなる「風の時代」は、そんな人が世の中からますます求められるようになるでしょう。

しかもインナーチャイルドの力はとても強力で、時代を変えてしまうほどのパワーを持っています。その力で、過去の自分も全部癒やしてくれます。

結果的に、必ず幸せと豊かさを感じられるようになっていくのです。

ご先祖さまや霊界とのつながりを感じよう

✦「お彼岸」の持つ特別な意味とは

日本ではお盆やお彼岸のように、ご先祖さまを意識し感謝する風習が残っていますよね。その分日本人は、ご先祖さまや霊界をより身近に感じやすいといえます。

特に春分、秋分の日に先祖代々のお墓参りをする文化は、世界的にも珍しいことだといわれています。

お彼岸にお墓参りをするのは、ご先祖さまを太陽に重ねてうやまっているからです。

太陽を神様として崇める太陽信仰は世界的にありますが、ご先祖さまのことも太陽としてとらえて感謝する文化は、日本以外ではほとんど見られません。

その由来を有力な説から見ていくと、もともと弥生時代に農耕民族になった頃から、日本人は太陽の恵みをご先祖さまからの恵みだととらえていたようです。そして太陽を見ては、ご先祖さまを思って謝意を示していたのです。

さらに飛鳥時代になり、仏教が伝来すると、太陽の意味が極楽浄土の思想ともつながっていきました。

人々が東から昇って西に沈む太陽を眺めながら、「あそこに極楽浄土があって、ご先祖さまが楽しく暮らしているんだ」と意識するようになったのです。

中でも春分と秋分は、昼と夜の長さが同じになるため、あの世とこの世がつながる特別な日とされ、ご先祖さまを拝む日、先祖供養をする日になったのです。

仏教伝来の時に日本には六波羅蜜《ろくはらみつ》という思想も入ってきました。

六波羅蜜とは、布施、持戒、忍辱《にんにく》、精進、禅定《ぜんじょう》、智慧の6つで、出家せず俗世間にいる一般人が修行し、極楽浄土に行くのにベストな方法だとされています。

ご先祖さまのいる極楽浄土につながるお彼岸の日は、その六波羅蜜の実践にも最適だとされるようになったのです。

具体的には、お彼岸のうちでも中日である春分・秋分の日はご先祖さまに感謝し、自分が生きているありがたみを感じること。

前後の3日間は、そのご先祖さまとのつながりを改めて意識しながら、自分の心を立て直すこと。そうやって修行をすると幸せにつながる、と伝わってきたわけです。

日本人にとって昔から霊界やご先祖さまは決して怖いものではなく、とても身近にあり、私たちに恩恵を与えてくれるものだったことがわかります。

✦お彼岸はご先祖さまを意識してみよう

今でも春分と秋分は国民の祝日ですよね。現在のカレンダーでは、春分の日は自然をたたえ生物をいつくしむ日とされます。一方、秋分の日は亡くなった人を偲び、ご先祖さまをうやまう日。

視点が違うだけで、どちらもあの世に思いを馳せながら、この世の生に感謝する日だといえるのではないでしょうか。

お彼岸に、おはぎやぼたもちを持ってお墓参りに行く文化も根強く残っていますよね。

それだけ日本人は今も、お彼岸にご先祖さまを身近に感じ、生について考えることがとても大切だと深層心理で感じているのだと思います。

私自身、小さい頃は何もわからず、ただ親に連れられてお墓に行き、掃除とお参りをするだけでした。

それでもどこかご先祖さまに守られている気がして、とても温かい感じがしていたのを覚えています。

みなさんもお彼岸の持つ特別な力を利用して、霊界とのつながりを深めていってください。

実際にお墓参りに行けたらベストですが、なかなか行けない方は、真西に沈む太陽を眺めつつ、ご先祖さまに思いを寄せるだけでもかまいません。

あちらの世界でご先祖さまは楽しく暮らしていて、私たちを応援してくれているんだと感じるだけで、とても安心できるはずです。

また、ご先祖さまがいないと自分は存在していない、脈々とつながってきた血があると強く感じられて、しっかりこの人生を生きようと思えるようになります。

まして今は昔に比べて自由で、何でもできる時代です。

ご先祖さまがやろうとしてもできなかったことを、自分がやろうという気にもなれるでしょう。

お彼岸だけでなく、お盆やお墓参りに行った時、亡くなった人の命日など特別な時にも、ご先祖さまや家族のことを偲びたいもの。その日にヒーリングをするのもいいことです。

霊界とのつながりがさらに深まり、恩恵を受けやすくなります。

✦亡き人が教えてくれるメメント・モリ

亡き人を偲ぶ行為には、何事にも代えがたい大きな意味があります。家族や大切な人がこの世を去ると、私たちは普段の生き方を改めて振り返って、今の自分はこのままでいいのか？　と真剣に考えたりしますよね。亡くなった人の分も精一杯生きよう、やりたいことを後回しにせず勇気を持って行動しよう、などと決意を新たにすることもあるでしょう。

そのように私たちは、誰かの死と対面するたびに、いつもはあまり意識していなかった自分の生とも否応なしに向き合うことになるのです。

私も初めて人の死に向き合った経験が今でも忘れられません。それは小学3年生の時の、祖母の他界でした。

この時自分の中にあるべき大切なパーツが、一つ抜けてしまったような感覚があったのです。まさに「心にぽっかり穴があく」という言葉がぴったり当てはまりました。

それまであまり深く考えていなかった、生と死の重みを初めて感じた瞬間といえます。

「これが人の死であって、肉体がこの世からなくなることなんだ。1人の人の存在がこの世から消えると、こんなに生きている人たちに衝撃を与えるのだ」と痛感しました。

その強烈な感覚から「やはり家族は見えない何かでつながっている」という確信めいた気持ちもわいてきました。

それ以降も、付き合いのあった方が亡くなるたびに、自分の生き方はこれでいいんだろうか、と考えさせられ、生きることに本気になれた気がします。

身近な人の死を若いうちに経験した方は、とても肝が据わっていて、物事を俯瞰《ふかん》して冷静に判断できる人が多いと感じます。

本気で生きているからこそ、そのような力が発揮できるのかもしれません。

ラテン語に「自分がいつかこの世を去ることを忘れず、人生を生きよ」という意味の「メメント・モリ」という言葉があります。

亡き人を偲ぶことには、このメメント・モリを思い出させてくれる大切な役割があるといえるでしょう。

霊界ヒーリングにも同じような意味があります。霊界のご先祖さまたちに思いを馳せることにより、自分の生を意識し、今の人生を精一杯生きようと思えるのです。

第 2 章

恩恵がふりそそぐ「ヒーリング」の魔法

自分でヒーリングをやってみよう

✦セルフヒーリングの３つの種類

この章では、実際に見えない世界とつながって、ヒーリングのエネルギーを受け取る方法をお教えしましょう。

これまで霊界について説明してきましたが、他にも私たちは、自分の中の「ハイヤーセルフ」と、「宇宙」につながることができます。

それぞれ特徴がありますので、ここで簡単にご説明しましょう。

《霊界》

過去からある世界。自分のルーツがあるところ。ご先祖さまや今までこの世にいた人、自分の過去世などが存在している。

特に過去の心の傷が癒えない時、疲れた時、心身が弱っている時、つらい時、リラックスしたい時などに、自分を癒やすのに最適。

パワフルなエネルギーがいただけるので、この霊界ヒーリングをメインにするのがおすすめ。

《ハイヤーセルフ》

過去世から積み重ねてきた智恵をすべて備えた、高次元の自分自身。

自分を見失いそうな時、自分の中心に戻ってぶれない自分になれる。迷いがあってどうしていいかわからない時に、本当の自分にとっての答えを引き出せる。

《宇宙》

未来の世界がある場所。

成長した自分や、思い描く未来が存在する。現状打破したい、将来の夢を実現したい、といった時に、なりたい自分に向かっていける。

どのヒーリングをするかは、その都度自分で決めてかまいません。

今どれを受けたいか自分に問いかけたり、つながったイメージをしてみてください。

「今の私にはこれが必要だ」「ここととつながりたい」と思ったらそれをやってみましょう。あまり頭で考えずに直感で決めるのがいいと思います。

一つだけでなく、連続して複数のヒーリングをすることもできます。

中でもハイヤーセルフのヒーリングは、心を落ち着かせて意識を自分の中心に戻し、集中力を高めます。気持ちが動揺して他とつながれない時は、まずハイヤーセルフとつながってみてください。

✦霊界とつながるヒーリングの手順

最初に霊界とつながるヒーリングについて説明しましょう。

基本的に決まった手順はなく、霊界を意識して自分のつながりやすい方法でつながり、エネルギーを受け取れれば大丈夫です。

ヒーリングはイメージが大事。自分の感覚で霊界につながった、ヒーリングで癒やされたと感じたら、それが真実です。

初めての方、慣れていない方は、次のような手順ですると行いやすいでしょう。コツがつかめたら、霊界に「近づいてきてください」と言うだけでスッと霊界に入れる人もいます。

注意事項として、ヒーリングの前には「お金が欲しい」「結婚したい」といった我欲をいったん意識から外すこと。

欲を意識したままだと、霊界の高い波動に合わせることができません。ヒーリングの時はできる限り霊界につながることに集中してください。

①目を閉じて、軽く瞑想するようにして心を整えていく

丹田《たんでん》のあたり（おへそより少し下の位置）に意識を向けながら深呼吸をし、リラックスしましょう。雑念がでてきても大丈夫です。呼吸に意識を向けて集中し、気持ちが落ち着いてきたと思ったら、次のステップに進みます。3～5分ぐらいで落ち着くことが多いですが、もう少し必要だと思ったら落ち着くまで

深呼吸を続けてください。

② 霊界をイメージし、その霊界に「近づいてきてください」と言う

霊界のゲートが近づいてきます。ゲートは自分の想像する姿でかまいませんが、光の環がイメージしやすいでしょう。

③ 霊界のゲートをくぐって、中に入っていくところを思い浮かべる

自分が魂の光になって、その魂がもともと住んでいた故郷に戻っていくという感覚でやると、とても入りやすいと思います。

④ 霊界に入ると、あなたのスピリットガイドが出迎えてくれる

そのスピリットガイドに、「今必要なヒーリングを送ってください」とお願いしましょう。

スピリットガイドが橋渡しとなって霊界のヒーリングを送ってくれて、自分がそのエネルギーを受け取るところをイメージしてください。大体15〜20分ぐ

らいで一通り必要なヒーリングが終わったと感じます。終わったらスピリットガイドにお礼を告げ、霊界から出て、体をさするなどして少しずつこちらの世界に意識を戻していきましょう。意識が戻ったところで目を開け、ヒーリングは終了です。

✦言葉による、ヒーリングの誘導法

私が対人ヒーリングをする時は、イメージしやすいように次のような言葉で誘導していいます。

リラックスして深呼吸しましょう。鼻から息を吸って、口から吐いて、リラックス。お腹の丹田のあたりに意識を向けてください。あなたの魂があるところです。

霊界に「近づいてきてください」と心の中で唱えてみてください。

そしてあなたが霊界の美しい森の中を歩いていると、とてもきれいな湖が見えてきました。その近くにベンチがあります。腰掛けてみてください。

スピリットガイドに心の中で「姿を現してください」と唱えてみてください。スピリットガイドは霊界からいつも見守ってくださっている存在。はっきりと見えなかったとしても、光として感じ取ってください。どんな色のイメージでしょうか？

スピリットガイドから、何かあなたに言葉があるかもしれません。聞いてみてください。

では、スピリットガイドに「今必要なヒーリングを送ってください」と伝えてみてください。快くあなたに対して霊界のエネルギーを送ってくれます。

15分ぐらいそのままにしましょう。

では、スピリットガイドにお礼を言い、霊界にも「ありがとう」と伝えて、今ここに戻ってきてください。

呼吸を整えて、準備ができたら目を開けてみてください。

✦スピリットガイドはイメージで感じて！

私たちが霊界にコンタクトしていくと、スピリットガイドがとても喜んでくれて、霊界のパワーを送ってくれます。

スピリットガイドは霊界ヒーリングに欠かせない存在。もしスピリットガイドが橋渡しをしてくれなかったら、霊界のパワーを受け取るのは難しいといえます。

霊界ヒーリングをする時は、癒やしのスピリットガイドが存在し、パワーを送ってくれるところを必ずイメージしてください。

霊界とつながったらすぐに、スピリットガイドがどんな人かわかる方もいるでしょう。感性が磨かれるうちに、だんだんどんな人なのかわかってくる方もいます。

はっきり姿かたちが見える方もいますし、何となく光で感じ取れる方もいます。

ただし全然わからなくても問題ありません。そういう存在がいて橋渡しをしてくれるんだと思うだけで大丈夫です。ちゃんとヒーリングは受け取れます。

スピリットガイドは老若男女さまざまで、国籍もさまざま。ちなみに私のガ

イドは、ヒマラヤ山脈にいる男性のように感じます。

スピリットガイドがどんな人かわからなかったとしても、感じ取ろうとするのはとてもいいことです。

心の中で少し話しかけてみてもいいでしょう。「姿を見せてください」と頼めば見せてくれることもあります。

女性のエネルギーかな、男性のエネルギーかな、子どもかな、大人かな、というように分類してみるのもいいでしょう。だんだん感覚的に「女性かもしれないな」というようにイメージが絞られてきます。


最初は私も、ぼんやりとした光のようなものだけしか感じられませんでした。しかしヒーリングを続けていくうちに、メインでサポートしてくれているのが誰かはっきりとわかってきたのです。

1人の人間を見守るスピリットガイドは複数いますが、一番わかりやすいのはメインの橋渡し役をしてくれる存在です。しかし慣れてくると、複数のガイドが見えるようになる方もいるでしょう。

いずれにしても正解はなく、大切なのは自分がどう感じるかです。

スピリットガイドについて自分がどう感じるかを見ていくことが、自分の感性を豊かにし、直感力を磨くことにもつながります。


ヒーリングする時は、深呼吸してなるべくリラックスします。いろんなことが思い浮かんだとしても呼吸に意識を向けて集中してください。

ヒーリングで感じることは自分しかわからないもの。どれも正解と思ってかまいません。自分の中に浮かんだイメージや直感を信じてください。

自分の感覚を信じ、直感に従えるかどうかで、ヒーリングの効果は大きく変わってきます。

自分では何の感覚もなくても、ちゃんとエネルギーは受け取れています。まずはヒーリングできていることを信じましょう。

「ちゃんとできてるのかな」と不安になって考えすぎてしまうと、エネルギーがうまく受け取れなくなります。

たとえるならヒーリングは、窓ガラス越しに届く暖かい太陽の光を、晴れた日に受け取るのと同じこと。

何もしなくても誰でも受け取れるものなのです。

そこで考えすぎるのは、雑念でガラスを曇らせるようなものといえます。ガラスが曇れば曇るほど、せっかくのエネルギーが受け取りにくくなるのです。

✦自分以外にもヒーリングを送ることはできる

霊界とつながってスピリットガイドの協力を得られたら、自分だけでなく、他の人にもヒーリングのエネルギーを送ることができます。

《方法》

霊界とつながったら、ヒーリングを送りたい相手を思い浮かべます。迎えてくれたスピリットガイドに、その人を癒やしてくださいとお願いしましょう。

送る相手がその場にいなくてもかまいません。距離も関係ないので、どれだけ遠く離れている相手でも大丈夫です。

私は普段その場にいない家族にヒーリングをすることがあります。

ある時、昼間仕事に出ている夫にヒーリングをし、帰宅後にその話をしたところ、夫がとても納得した様子になりました。

ちょうど仕事に煮詰まっていた時で、私がヒーリングしたら急に睡魔に襲われたそう。そこで休憩時間に少し仮眠したところ、起きてからはとてもすっきりして、仕事がはかどったとのことでした。

YouTubeでも、新月と満月の日に、ヒーリングを受け取る許可をくれたチャンネル登録者さまに対して、ヒーリングを行っています。

そうすると、全国から「夜ぐっすり眠れました」「体が楽になった気がします」「癒やされました」「元気になれました」といったコメントをいただきます。

中には海外など遠方の方もいるのです。

もし相手の名前がわかっていたり、写真があれば、さらに具体的にイメージしやすく、エネルギーが送りやすいはずです。

私たちは「あの人が良くなりますように」「弱っているペットに元気になってほしい」というように、純粋な気持ちで誰かのために祈りますよね。ヒーリングはその祈りのようなもの。純粋な気持ちで送るヒーリングは相手にも伝わるのです。

ヒーリングのエネルギーには、人によって強弱があります。ヒーリングを何度も受けて慣れている人、もともと霊能力がある人、感覚が鋭い人などは霊界にもつながりやすく、自分にも他人にも送りやすいはずです。

一方あまり慣れていない人や、半信半疑な人は、なかなか感覚をつかみにくいかもしれません。

とはいえ、一番必要なのは愛と思いやり。たとえ初心者であっても、誰かを大切に思う気持ちがあれば、ヒーリングは必ずできます。

✦ペットや植物も癒やせるのがポイント

ヒーリングのエネルギーは、人間以外にも送れます。実際にペットや観葉植物などに送ってみると、調子が良くなったように感じられるかもしれません。

我が家では金魚が病気になり、もとの真っ白な色にまだら模様が入ってしまったことがあります。

そこでヒーリングをしたところ、また白色に戻って、元気に泳いでくれるようになりました。

飼っている犬も、時々夜に情緒不安定になり、寝ずにうろうろ歩き回ってしまう時があります。

そんな時にヒーリングをすると、だんだん落ち着いてきて、安心した顔でよく眠ってくれるのです。

霊界とつながるヒーリングをやるべきタイミング

✦ちょっとした不調を感じたらやってみて

ヒーリングは、さまざまな場面で自分を癒やし、整えるために使えます。特に心身が弱っていたり、元気が出ないと感じた時に利用してみるといいでしょう。

自分が弱く感じる時は、私たちの持つエネルギーが不足していて、波動が下がっています。霊界は高い波動のエネルギーに満ちているので、ヒーリングでそのエネルギーを浴びることにより、自分自身の波動も整っていくのです。

病院にかかるほどではないけれど、ちょっと体の調子が良くない、気力がわかない、と感じた時などにヒーリングをすると、ひとまず楽になることがあります。

私も外出した時に貧血気味になり、気分が悪くなったことがありました。そこで少し休ませてもらってヒーリングをしたら、いつもより早く落ち着いてきたのです。

ヒーリングする場所は、最初は静かな所でないと難しいかもしれませんが、慣れたら人が多くて騒がしくてもすぐできるようになります。外出先でつらくなった時は試してみてください。

ただし、不調の原因に体の病気が隠れている時もあります。ヒーリングだけに頼らず、おかしいと思ったら専門家に相談してください。

✦ネガティブな気持ちから抜け出したい時にも◎

気分がダウンした時も、ヒーリングで心を楽にすることができます。

私は飼っていたペットが亡くなってずっと落ち込んでいた時があったのですが、セルフヒーリングをしているうちにつらい気持ちが癒えてきました。

突発的にネガティブな感情が高まった時にも即効性があります。

例えばイライラした人と接したりすると、相手のネガティブな波動を浴びて自分もイライラしてしまうことがありますよね。

そんな時、霊界につながってサポートをしてもらうと、すぐにその波動が外れて、気持ちが楽になるのです。

また、事故現場に遭遇したり、トラブルを目の当たりにしたりと、偶発的な出来事で気持ちが動揺した時にもヒーリングをしてみてください。気持ちを落ち着かせることができます。

私は周囲の波動の影響を受けやすく、以前は何かあるとよく気分が悪くなっていました。

そんな時、今まではアロマなどのグッズを使ったり誰かのヒーリングを受けたりと、いろいろな手を尽くしてその状態から抜け出すしかなかったのです。

ところがヒーリングが自分でできるようになってからは、その場ですぐに気持ちを変えることができるようになりました。時間もそれほどかからない上にグッズも必要ないので、自分を整える方法が増えてとても助かっています。

YouTubeの登録者が増えてからは、タロットに関して心ないコメントが届くこともあります。詐欺まがいの仕事のオファーが来て、危うく騙されそうになったこともありました。

以前はそのようなことがあるたびに、自分にも非があったのだと感じてかなり落ち込んでいました。

しかしヒーリングをするようになってからは、すぐに気持ちを立て直すことができるようになったのです。

その結果、問題が起きてもすぐ渦中から抜け出して、感情に振り回されず、冷静に自分にとって正しい判断ができるようになりました。

今では「そんなに大したことじゃない」と軽く受け流せますし、逆に「誰に何と言われようと、これからも自分らしくやっていくしかない」とやる気がわくこともあります。

✦変化を感じると癒やしが加速する

ヒーリングは、元気でも順調でもない時のほうが変化を感じられます。

例えばこれからのことが不安で悩んでいる時に、ヒーリングをしたら「何とかなる」と思えるかもしれません。

ちょっと体が重くてやる気がない時にしたら、すぐに軽くなって元気になれることもあるでしょう。自分をよく観察してみれば明らかに違いが感じられるはずです。

もちろん自分の感覚や直感を信じることも大切です。

一度でも変化した感覚がつかめると、さらに霊界を信頼して、自分のハートを開くことができるようになります。

そしてイメージしやすくなったり、積極的につながれるようになって、エネルギーがどんどん受け取りやすくなるのです。

するとやる気がますますわいてきて、行動力もアップしていくでしょう。

「今の自分に戻る」ハイヤーセルフのヒーリング

✦ハイヤーセルフは高次元の自分

霊界ヒーリングができるようになったら、今度はハイヤーセルフとつながるヒーリングに挑戦してみましょう。

ハイヤーセルフというのは、高次元の自分。現実世界に左右されない、いと尊き自分の魂です。

ハイヤーセルフとのつながりを感じながら生きると、周囲に振り回されません。他人軸ではなく自分軸で生きられます。

自分の内側にあるという点でインナーチャイルドとも似ていますが、インナーチャイルドは実際に幼少期に生きていた自分です。一方でハイヤーセルフは、現実世界を超えた高次元の自分だといえます。

ヒーリングでハイヤーセルフを感じると、私たちはすぐに自分が永遠の魂の存在だと確信できるはずです。

自分が周りの人や状況に振り回されている時、混乱している時、感情が揺れている時、自分を見失いそうな時などにこのヒーリングをしてみましょう。

どんなに自分がぶれていたとしても、ハイヤーセルフにつながればすぐに自分の軸に戻れるはずです。

ハイヤーセルフは今の自分でもあります。過去のトラウマに囚われたり、未来に不安や恐怖を感じる時などにもこのヒーリングをしてみましょう。今ここにいる自分に意識を向けることができます。

また、現時点で迷っていることがあったら、「自分はこれをやりたいけど、やっても大丈夫かな?」「どれをやればいいかな?」というようにハイヤーセルフに聞いてみてください。

ハイヤーセルフのヒーリングは、過去世からのすべての記録が詰まった膨大なデータベースにアクセスするようなもの。

ひとたびつながれば、自分の表層意識では到底思いつかないようなアイデアが出てきたり、今の自分が進むべき道がわかったりするのです。

✦丹田を意識してハイヤーセルフとつながろう

ハイヤーセルフのヒーリングの手順は、どこにつながるかが違うだけで、基本的に霊界ヒーリングと同じです。

違う点といえば、霊界に向かってスピリットガイドに会うのではなく、自分の中にいるハイヤーセルフとつながるイメージをするところです。

コツとしては、下腹部の中からゴールドの光が発せられるのをイメージすること。体の中で魂がある位置は、おへその下にある丹田のあたりだといわれているからです。

光はゴールドでなくても、自分がハイヤーセルフだと感じる色でもかまいません。具体的には次のようにやってみてください。

霊界ヒーリングと同様、まず軽く瞑想します。気分が落ち着いたと思ったら、自分の下腹部に意識を向けてみてください。

お腹の中から発光して、ゴールドに輝き出し、その光がどんどん強くまぶしくなってきます。

その光を発しているご自身のハイヤーセルフとつながるイメージをしてください。光が強く大きくなるとともに、ハイヤーセルフからヒーリングのパワーが自分に与えられます。

15〜20分ぐらい経って光を存分に浴びたと思ったら、「ありがとう」と感謝の気持ちを伝えて終了しましょう。

未来を創る宇宙ヒーリングとは？

✦宇宙ヒーリングで未来をぐっと引き寄せる

これから夢を叶えたい時、将来のビジョンがある時、より良い未来を望む時は、宇宙とつながるヒーリングをしましょう。

霊界とハイヤーセルフは、時間軸でいえば過去と現在がメインですが、無限に広がるこの宇宙の中には、未来も存在します。

宇宙ヒーリングをすればその未来ともつながることができるのです。

科学的にも有力視されているパラレルワールド説では、宇宙の中に無数の未来の可能性が存在しているといわれます。

その可能性の中からどこを選ぶかは今の自分次第。現在の行動が、自分の未来を決めているといえます。

そこで今、宇宙ヒーリングで未来とつながり、先に自分が望む未来を選んでおくと、そこまでの道筋が作られるのです。

しかも、その未来に向かう宇宙のエネルギーはとても強力。ヒーリングすれば爆発的パワーをいただけて、未来を切り開く強い行動力や気力がわいてきます。最後まであきらめずに、将来の夢に向かっていけるようになるでしょう。理想に向かっている途中で逆境に押しつぶされそうになっても、負けないで打ち勝てるはずです。

霊界ヒーリングが心身を消耗した時の充電に向いているのに対し、宇宙ヒーリングは次に向けて動くエネルギーを充電したい時に最適です。

これから新しい芽を出すため、ブレイクスルーのためのパワーがチャージできるでしょう。

現実的にチャンスを引き寄せる可能性もぐっと高まります。思いもよらないラッキーなことが起きたりするかもしれません。

宇宙ヒーリングでは、そこに存在する新しい時代にアクセスし、未来の情報をダウンロードすることもできます。

これから来る波に乗りたい、新しい時代に活躍したい、というような場合にしてみてください。次の時代に合ったアクションが取れるようになるはずです。

ヒーリングで未知の新しい発想がわいて、それが今後一気に広がることも夢ではありません。将来ブレイクしそうな、最先端や未来のアイデアが得られるかもしれません。

現実が思うように改善しない場合にも、現状を打破できる方法を未来からダウンロードできることがあります。

中でも霊界やハイヤーセルフとのヒーリングで自分を癒やし、自分の軸もしっかりできているのに今うまくいっていない場合は、宇宙ヒーリングを試すといいでしょう。

✦宇宙にお任せするとうまくいく

宇宙ヒーリングの手順も、説明していきましょう。

深呼吸して心を落ち着けた後に、宇宙に意識を合わせてみてください。

意識を頭上の空に向け、そのまま上へ上へと昇っていくイメージをするとやりやすいと思います。


空をどんどん昇っていき、地球を抜けると、果てしなく広がる宇宙に出ます。その空間をしばらく漂いましょう。

宇宙の姿は、自分で好きに想像してみてください。よく写真で見かけるような、紺碧の空間に星がちりばめられている姿が思い浮かべやすいかもしれません。

しばらく漂って、宇宙と自分がつながっていると思えたら、「宇宙から今、必要なエネルギーを受け取ります」と宣言しましょう。そしてイメージの中で、宇宙に充満するエネルギーを受け取ってください。

この時、自分が未来の情報をダウンロードしているところ、自分が進む道が望む未来へと軌道修正されていくところを想像するといいでしょう。

宇宙ヒーリングをしたら、現実的にどんな流れで望む未来に行くかは、宇宙にお任せしましょう。

予想もつかない流れになったとしても、必ず自分にとって最適な未来が訪れます。必ずそこに導かれることを信じて、自分は目の前にあることに集中していってください。

では、それぞれのヒーリングを実際に行ってみましょう。終わったら感じたことをできるだけ振り返ってみてください。ヒーリングで起きた変化がより実感できます。

さらにそれを書いたり話したりして、言語化してみてください。自分の感覚を研ぎ澄ますいいトレーニングになるはずです。

ノートや手帳などに、ヒーリングの後で気づいたことや感想などを自由に綴ってみてください。

第 3 章

愛のサインをキャッチして「直感力」を磨く！

高次元の存在から送られる幸運のサインを見逃さない

✦サインやメッセージは日々届いている！

霊界やハイヤーセルフ、宇宙などの高次元の存在たちは、常に私たちに必要なサインやメッセージを送ってくれています。

私たちが目標に向かってがんばっていたら「その経験はあなたに必要だよ」というように、高次元の存在たちは後押しするメッセージを何かしら送ってくれるのです。

ただ、がんばるのはいいのですが、知らず知らずのうちに進むべき道から逸れてしまうこともありますよね。そのまま報われない努力をしているうち、前に進むことをあきらめてしまうこともあります。

高次元の存在たちは、私たちが無駄に苦労することは望んでいません。

ですから道からずれそうになると、今度は「そっちに行かないほうがいいよ」というサインを送ってくれます。

そうやって、私たちが自分の進むべき道をスムーズに歩めるようにしてくれているのです。

起きる現象にはすべて高次元の愛のサインが込められています。

問題が起きた時に「これはこのサインだ」と気づければ、すぐに対処する方法がわかって乗り越えられるはずです。

その高次元からのメッセージを読み解く方法を、ここでお伝えしていきます。

✦自分が感じた直感や違和感を無視しないで

高次元からのメッセージを私たちは、潜在意識ですべてキャッチしています。

潜在意識は、自分が今までの人生で見たもの、聞いたことなど、あらゆる記憶が保存されているところでもあります。

しかしそれらが表層意識に現れず、なかなか気づけないこともよくあるのです。それに気づかせてくれるのが、潜在意識が送ってくれる直感や普段と違う感覚です。

自分にとっていい方向に行く時は、いつもより安心感やワクワク感が大きかったりします。

反対に、警告がある時は、モヤモヤとした感覚があったり、気持ちが重くなったりと、何らかの違和感を持つかもしれません。

例えば人から商品を勧められた時に、「この人は信用できそうだし、買ってもいいかも」と思ったとしましょう。

でもなぜか買おうとした時に、何かが引っかかる。そこで保留にしたところ、後でやはりそれは買わないほうが正解だったとわかったりするのです。

このような違和感が少しでもあったら、無視しないほうがいいといえます。

せっかく直感や感覚がサインを教えてくれていても、スルーしていたらどんどん感覚が鈍くなり、気づきにくくなってきます。

少しでいいので集中する時間を取り、違和感に意識を向けてみて、どうしてそんな感覚になったのか探ってみてください。

最初はわからなくても、探っているうちに「あの人のあの言動が何かを隠している感じだった」などと原因がわかってきます。

メッセージをくれる高次元の存在は、霊界のご先祖さまや過去世の自分、スピリットガイド、宇宙、ハイヤーセルフなど、さまざまです。

それらの存在は私たちの肉眼では見えませんが、無意識の領域で必ずつながっているのです。

日頃からヒーリングで高次元に意識を向けていると、メッセージやサインも感じやすくなってくるはずです。

また自分の潜在意識に潜んでいる過去の記憶が、警告などのサインを発してくれることもあります。

メッセージを感じた時に、それが霊界からなのか、ハイヤーセルフからなのかなど、敏感な人は違いがわかるかもしれません。でもどこから来ているのかはわからなくても大丈夫です。

ただ、自分がどう感じるかを意識するのはとてもいいことです。自分の感覚を磨くトレーニングにもなります。

これは霊界からかな、これはハイヤーセルフからかな、と感じてみてください。感覚が鋭くなってきて、どんなメッセージが送られているのかがさらによくわかるようになってきます。

高次元からサインをいただいたと思ったら、「サインをくれてありがとう」とお礼を言ってみてください。

サインを送った存在も喜んでくれて、さらにサインを送ってくれたりします。そのやりとりで、ますます高次元とのパイプが太くなっていくでしょう。

誰からのサインかわからなくても、ご先祖さまやハイヤーセルフなど、自分がイメージしやすい存在を思い浮かべてお礼してもかまいません。

感謝の気持ちは相手に必ず伝わります。

✦自分の感覚でとらえると見える景色が変わる

注意したいのは、同じ状況で受け取るサインがすべて同じ意味とは限らないということ。

例えば、チャンスだからやろうと思っていたことがあったのに、いざその時が来たら嫌な感じがして、やっぱりやめたくなることがあったとします。

それは本当にやめたほうがいい、という霊界やハイヤーセルフからのサインの場合もあるでしょう。

一方で、私たちは自信や勇気がなかったり、変化が怖かったり、不安だったりすると、チャンスを目の前にしてプレッシャーを感じてしまうことがあります。それが「やめたい」と感じる原因の場合もあるのです。

その場合、思い切ってプレッシャーを乗り越えてやってみると、次のステップに行けたりします。

どちらなのかは、自分自身の感覚で判断するしかありません。

自分自身でどちらが合っている気がするか、ピンとくるかを感じましょう。

これから紹介していくサインの例についても、必ずどの場合にも当てはまるとはいえず、他の意味もあるかもしれません。

もし例にあげた解釈で合っていると自分が思えるなら、正解の可能性が高いでしょう。

逆に違う感じがしたら、他の意味が含まれている可能性があります。

途中でやめたくなる例として、何かのイベントに行きたいと思っていたのに、直前に行きたくなくなる場合があります。

ここで嫌な気がするのを我慢して行ったら、実際にトラブルばかりだったりすることもあるでしょう。

反対に、嫌々行ったはずが思わぬ成果が得られたりして「やっぱり行って良かった」と思える時もあります。どうしたらいいのか判断に迷いますよね。

そんな時は、まず自分でいったん「行くのをやめよう」と決めてみます。そしてどういう感情が起こるかを見つめてみてください。

決めたとたんに「ああ良かった」と気持ちが楽になったり、心が晴れる感じがしたら、行かなくていいイベントである場合が多いでしょう。

一方で、やめようと決めた時に気持ちが重くなったり、行かないと後悔しそうに感じた場合は、思い切って行ってみるといいと思います。「やっぱり行って良かった」と感じられることが多いはずです。

そのように、心が軽くなったり、重くなったりすることで、私たちは霊界やハイヤーセルフが送ってくれる「今のあなたには合わないよ」、あるいは「チャンスだから行ったほうがいいよ」というサインを感じ取っているといえます。

✦直感力を磨くトレーニングでみるみる開運体質に！

判断に迷ったら、まずは一度立ち止まって、どういう意味があるのかを自分の感覚でとらえてみてください。自分の人生のことですから、自分がやりたいと感じたほうを選ぶのもいいでしょう。

周りの人の判断を聞いてみるのもいいのですが、それを鵜呑みにせず、あくまで自分の感覚を優先させてください。

人の言っていることは、たくさんあるアドバイスの一つにすぎません。納得がいかないなら従う必要はないと思ってください。

自分がどう感じるのかをよく考えて、自分で答えを出し、自分に一番誠実な生き方をしましょう。それがご先祖さまや高次元の存在の望みでもあります。

自分の感覚がよくわからない、自信がないという方は、まずは感覚を磨くトレーニングをしていってください。

どんなことでも、立ち止まって自分がどう感じたかを見つめ、その感覚を味わってみるといいでしょう。

ぱっと感じたことを口にしてみたり、ノートに書いてアウトプットするのもおすすめの方法です。

見えない領域からのサインは、よく直感として現れます。直感力を磨き、自分の感覚を信じて行動してみてください。

私の場合普段タロットを使っていますが、リーディングする時は、カードの持つ一般的な意味だけでなく、直感でとらえた気持ちを重視するようにしています。

次にどうなるかを予想したりして、ゲームのように直感力を鍛えていくのもいいでしょう。

私たちは大人になるにつれ、直感よりも現実的なお金や時間のことを考えて、リスクの少ないほうを選びたくなるもの。でも、できる範囲でいいので、リスクを考えず直感に従って行動してみてください。

いつもと違う行動をすればワクワク、ドキドキできて、チャレンジするプロセスがとても楽しく感じられると思います。

結果的にその感覚が楽しいことを引き寄せてくれたりするのです。

✦自分を大切にしないと直感を信用できない

自分自身を受け入れて大切にすると、自分の持つ直感を否定しなくなるので、高次元の存在からのメッセージも受け取りやすくなります。

今の自分が精一杯生きていることを否定しないで、自分の気持ちに寄り添い、自分の可能性を信じてあげてください。

自分自身を受け入れていくと、直感でサインを信じご先祖さまや見えない存在からのサポートを受けてスムーズに進めるようになります。持っている潜在能力がどんどん開花していき、自分への思いやりや優しさでハートも満たされ、周りに愛がどんどん大きく広がっていくでしょう。

結果的に社会で何かを成し遂げることも夢ではありません。

✦「五感を利かせる」と直感力がますます磨かれる

五感を利かせることで、直感力も磨かれます。

私たちは五感でさまざまなものをキャッチし、判別していますよね。その五感が利かなくなると、大変なことになります。

私が以前、風邪を引いてまったく匂いがわからなくなった時のことです。食事をしていて驚きました。

匂いがしないだけで、味はわかるのに何を食べても全然おいしいと感じなかったのです。

一つの感覚がなくなるのはこんなに大変なことなのか、いかに五感とは大事なものかと痛感しました。特に私は鼻が普通の人より利くほうなので、ダメージが大きい気がしました。

それだけ五感を敏感に利かせることにより、普段あまり意識していなかったいろいろなことがわかるようになるといえます。

日常生活で、見る、聴く、味わう、香りをかぐ、手触りや触り心地を味わう、ということを意識してみましょう。

感覚が研ぎ澄まされ、直感でぱっと自分に合うかどうかわかったりします。

会ったばかりの人でも、この人はこんな人だな、信用できるな、と感じ取れるようになるでしょう。

同じものを食べるのにも、食べ物に意識を向けないでただ口に入れる時と、味、香り、温度、舌触りなどをしっかり味わって食べる時とで、まったく受ける感覚が違いますよね。その自分の感覚を意識してみましょう。

植物一つとっても、実にさまざまな種類があります。目の前の植物は色が濃いか薄いか、香りはどうか、葉が大きいか小さいか、見た感じはどうかなど、よく観察してみてください。

散歩の途中に花があったら、得意な嗅覚で香りを楽しんでみる、得意な視覚で色合いを鑑賞してみる、というようにしていくと、新しい発見があります。

そして自分がどんなものが好きかを知っていきましょう。

音楽を聴く時も、自分にとって不快な音はどんな音か、快適なのはどの音かを聴き分けてみてください。

好きなものがわかったら、好きなものの味、香り、音など、五感を使ってよく味わってみましょう。

たとえほんの少ししかない大好きなお菓子でも、味も香りも舌触りも楽しめば、それだけで十分に贅沢で幸せな気持ちになれるはずです。

自分はこれが好き、これは苦手、と感じていくことで、自分を深く理解し、自分を大切にすることもできるようになります。


また、普段より匂いがわからない、音が聞こえづらい、といった時は、アラームサインの可能性があります。


よく気をつけてみると、普段よりも心身が弱っている、ストレスが溜まっている、といった変化がわかるかもしれません。

変化が敏感にわかるようになると、ヒーリングでも集中的にケアできます。

私の場合、疲れている時は視界がぼやけるなど、目に変化が表れやすくなります。

そんな時は、数十分ほど目をつぶってヒーリングをしています。

そうすると、終わって目を開けた時にとても鮮明に見えるのです。

高次元から送られるサインには種類がある

✦臨場感のある夢の後は流れが良くなることも

ここからは、具体的なサインの例を紹介していきましょう。

高次元からのサインは、夢に出てくることがよくあります。

ワクワクする夢、幸せな夢は、これから現実が良くなるというサインのことが多いでしょう。

特に普段の夢とは明らかに違うような鮮やかさや臨場感がある場合は、流れが良くなる可能性が高いといえます。

私の場合は、YouTubeを始めた頃に、とても素敵な夢を見ました。きれいな夜空に満月や星がキラキラと輝き、そこを銀河鉄道のような汽車が昇っていくという夢です。

あまりに鮮明で強烈な印象があり、起きてからも詳細に覚えていたほどです。これはかなり特別な意味があると思いました。

まだ半信半疑ではありましたが、おそらく宇宙からのメッセージで、これからうまくいくと教えてくれている気がしたのです。

しかもその銀河鉄道の動きからして、一度軌道に乗れば安定するけれど、飛び立つまでは加速をつけて勢いよく走り続ける必要があると感じました。

そこでがんばって動画を毎日投稿するようにしたところ、本当にその1か月後ぐらいからYouTubeの登録者数が爆発的に伸びたのです。


またある友人は、たくさんの大きな実がなった木が延々と並んでいるのを、刈り取り用の車から眺めている夢を鮮明に見たと言っていました。その時にきれいだな、豊かだな、安心だな、と強く感じたそうです。

するとその数か月後、友人はとても経済力のある男性と出会い、いわゆる玉の輿婚をすることになったのです。

夢に出てくるものがとても美しく感じられたり、自分の好きなモチーフだったりして、好ましい印象が残った場合も良いサインといえます。

例えばとてもきれいな蝶が飛んでいた、色鮮やかな虹が出てきて見とれてしまった、というような場合です。

今の道で合っている、大丈夫という意味だったり、GOサインであることが多いでしょう。

ずっとうまくいかない時に、流れが変わる兆候として良い象徴が現れることもよくあります。それによりあきらめかけたことを再びやる気になれるかもしれません。見逃さないようにしましょう。

✦「嫌な夢」は愛のアラームサイン！

不吉な夢、怖い夢、息苦しい夢などは、悪いことの前触れと思う人も多いかもしれませんが、そうではなく、嫌な夢は見えない存在たちからのアラームのようなものです。

つまり「このままだと良くない方向に進むかもしれないよ。少し冷静に考えてみたり、よく見直したりして、対策してごらん。そうすれば悪いことが防げたり、最小限に抑えられるよ」といった意味があります。

他にも、もっとリラックスしていいよ、よく休んでね、くよくよ悩みすぎないでねと高次元の存在が教えてくれている場合もあります。くよくよ悩むというのは、自分の思考で自分の心をさらに追い詰めてしまう行為です。

悩めば悩むほど、精神的なダメージが大きくなります。

そんな時はヒーリングをしてみてください。「考えてもしょうがない、やれることをやるしかない」と気持ちを切り替えることができます。

悪い夢に限らず、悪い兆候に見えることがあった際に、実際に悪いことが起きるサインだと受け取らないようにしてください。それは、私たちを守ろうとして見えない存在たちが送ってくれる愛のサインなのです。

何かおかしいと感じることがあったら、気をつけて対応していけば、いくらでも事前に防ぐことができるはずです。

✦色やオブジェのサインから読み解けるもの

ラッキーなモチーフの意味は、夢だけでなく、現実でも同じです。

よく目につくようになったり、誰かにそのモチーフの物をいただいたりしたら、高次元から良いサインをいただいていると思っていいでしょう。

そのままでいいよ、不安にならなくて大丈夫、安心していいよ、これから良くなるよ、といったメッセージがそこに込められています。

一般的にラッキーなモチーフとしては、虹、蝶々、四つ葉のクローバー、花、てんとう虫、ユニコーン、ハート、星、指輪、妖精、天使などが挙げられます。

タロットカードであれば、太陽、星、宇宙、女帝や運命の輪といったカードを引いたら、幸運のサインといえます。

ただ、人それぞれ文化や経験の違いがあるので、同じ物でも幸運の象徴と思う人もいれば、不吉だと思う人もいるかもしれません。

そんな時は、自分がどう感じているかで判断してください。そのモチーフが好き、幸運のアイテムだと思っている、何となく惹かれるといった場合は、ラッキーのサインと思っていいでしょう。

反対に、不吉だと思う物がよく目に入る時は、高次元から愛のアラームが届いているのかもしれません。

また目につく色にもそれぞれサインがあります。各色の持つ意味については、後ほど詳しくご説明します。

トラブルも高次元からの愛のサイン

✦「障害」はステップアップのしるし

目標に向かって進んでいる時に思わぬ横やりが入ったり、心ないことを言われたり、トラブルが起きることがあります。それはこれからステップアップするというサインであることが多いです。

実は、うまくいっている時ほど不測の事態が起きるものです。でも、そこで進むのをあきらめないようにしてください。

ここで起きることはある意味、覚悟を決める通過儀礼のようなもの。

もしかしたら自分の自信のなさや不安感がその状況を引き起こしているのかもしれません。「周囲に振り回されず、本気でやる気があるか」と問われていると思ってください。

特に、起業したい、なかなか就けない職業に就きたい、仕事で大きな企画を通したいなど、やりたいことが大きい時には何かと障害が起こりがちです。周りから「どうせうまくいくわけない」「無理だ」と反対されたり、まったく箸にも棒にもかからなくて落ち込む、ということもあるかもしれません。

なぜそうなるかというと、大きな希望ほど、自分の本気度を上げなければ叶えるのが難しいからです。

うまくいかなくなって悩んだ時に「それでもやっぱり自分はこれを叶えたい」と決意を固めて進んでいけば、大きな成長につながります。それが障害を乗り越える力になるのです。

すべては次に前進するために必要な学びともいえます。そのため乗り切った後に、急に物事が順調に運び始めたりするのです。

私がYouTubeを始めてからも、登録者数が急上昇していく前は、否定的なコメントがよく来ていました。誰かが急成長していくエネルギーがあると、それに反応して逆のエネルギーを出したくなる人が増えるようです。

最初は否定的なコメントが来るたびに一つ一つ気にしてしまいました。けれどもある時、これは自分の覚悟を問うサインだと気づいたのです。

そこでしっかり方向性を確認して、ぶれずにやっていくと決意しました。以来、否定的なコメントも自分への愛あるアラームサインととらえ、がんばれるようになったのです。

このように、ネガティブなことがあった時にそれがチャンスの前触れだとわかっていると、冷静に受け止めることができて、あまり悲観せずにすみます。

もしつらい気持ちが消えないなら、ヒーリングをしてみましょう。気持ちが落ち着いて、「不安材料をなくせということだな」というように必要な気づきが得られます。

✦自分のことを後回しにしすぎていると他人に利用される

あなたの足を引っ張る人、都合よく利用する人が出てきて、時間やエネルギーを奪われた経験はないでしょうか。

それは、大切な自分のエネルギーをもっとあなた自身に向けるべきなのに、できていないというサインかもしれません。

たとえていうなら、せっかく自分の土地を持っているのに、ずっと使わずに放っておくようなもの。だからこそ「使われていないなら使ってしまおう」と思う人が出てきて、勝手に開拓して使い始めるのです。

その体験が、「自分にはこんなに土地があるのに、なぜ使っていなかったんだろう」と気づかせてくれるわけです。

具体的には、自分が本当にやるべきことに集中できていない時や、やろうと思ったのに面倒で後回しにしていたり、人任せにしている時にそうなりやすいといえます。

夫婦で自分ばかりが家事育児の負担が大きい、仕事でいつも損な役回りを押しつけられる、といった場合も当てはまるかもしれません。

そんな時はいい人に思われたい、周りの人と衝突すると面倒だからと、思っていることをちゃんと言葉で表現できていない可能性があります。

そんな方は平和主義で、心優しい人が多いのです。

周囲を大切に思うだけでなく、あなた自身のやりたいこと、楽しく過ごせる時間を優先的に確保する勇気を持ってください。

そしてなるべく自分はこういう人間だ、こういうことをしたい、ということを日常的に意思表示するようにしてみてください。

すると相手も「そう思っていたなんて知らなかった」と気づいたりして、あなたの言うことを確かめてくれる可能性は高いと思います。


また、人に頼るのは悪いことではありませんが、ちゃんと自分がすべきと思ったことをするのも忘れないようにしてください。

例えば誰かに任せたことでも、自分が確認したほうがいいと思ったことはちゃんと確かめてみたほうがいいでしょう。

「きっとやってくれるだろう」「きっとわかってくれるだろう」と確認を怠っていたら、後で大きなトラブルになる可能性もあります。

財産の管理を他者に任せきりにしていたら貯金がなくなっていた、部下に頼んだ仕事の進捗を確認せずにいたら、ミスで取り返しのつかない状況になっていた、というようなこともあるかもしれません。

おかしいと思ったら相手とコミュニケーションを取ったり、自分で確かめてみることを忘れないでください。

自分がエネルギーを奪われている感じがした時、一番に心がけたいのが、人に何かしてもらうのを待つよりまず自分から動くことです。

✦嫌なことが続いたら人間関係やお金の見直しを！

このように、嫌な出来事があったり、不快なことがあるのは、高次元からの愛のアラームサインかもしれません。

パーソナルスペースが侵されて居心地が悪い時、誰かに邪魔されてペースを乱される時、リラックスできない時などにもそのことがいえます。

いつもは落ち着けるお店に入ったらたまたまうるさくてくつろげなかった

り、集中しようとしたらスマホの通知がたくさん入って邪魔された、といった経験はないでしょうか。

パーソナルスペースは、人間関係やお金とも関係しています。

もし居心地の悪さを感じることが急に増えたり、あれ？　最近おかしいなと感じたら、人付き合いや仕事、お金のことを見直したほうがいいというサインかもしれません。

私も先日、いつもは空いている新幹線やカフェ、外食先で、周りがかなり騒がしい席になり、普段と違ってまったくリラックスできないどころか、忍耐を強いられるような出来事が続きました。

周りがこんな騒がしい席なんて本当についてないな、と思うような滅多にないことが連続で起こったのです。

ちょうどその時、仕事で一つのプロジェクトを続けるか迷っていたので、これはその場から立ち去ったほうがいい、やめたほうがいいというサインだな、と直感しました。結果的にそのプロジェクトはやめて正解でした。

✦「他人の念」を外せばイライラが消える

わけもわからずイライラする時は、他人の念の影響を受けているのかもしれません。女性の場合、体のバイオリズムが原因の場合もありますが、念を受けた時はそれとは違う感覚があります。

人は無意識に他人の発する念の影響を受けています。誰かと接した後に、自分はネガティブな感情はないはずなのに、わけもなくイライラしたことはないでしょうか。

私もお店で不快な接客を受けた後は、苛立ちを感じることがあります。運転していても、自分に非がないのに急にクラクションを鳴らされたり、後ろからあおられたりするとイライラして嫌な気持ちになりますよね。

ある程度時間が経ってもイライラが続いてしまうのは、接した相手の念に自分のエネルギーがひきずられているというサインです。

自分がその波動と合わせなければ、ネガティブな念は外れます。自分から相手の念を振り落とすイメージをしてみましょう。実際に、右手で左肩を、左手で右肩をパッパッと払うのもおすすめです。

また、波動がまったく違う明るい音楽を歌ったり、聴いたりするのもいいと思います。

気持ちを集中できるところに移動できるなら、3~5分と短時間でもいいので、そこで高い波動の霊界やハイヤーセルフとつながるのもいいでしょう。自分の波動が高まり、自分の軸にも戻れるので、低い波動の念の影響を受けなくなります。

✦「嫉妬」は新しい道へ進むビッグチャンス

もし今あなたが誰かに嫉妬しているのであれば、それも高次元からの愛のアラームかもしれません。

もちろん、ライバルはお互いに高め合う貴重な存在でもあります。

ですが、パートナーに関わりのある異性、仕事や趣味といったコミュニティ内のメンバーに対して、息苦しくなるような嫉妬心や嫌悪感があれば、それは愛のアラームと思っていいでしょう。

他にもっと目を向けるべきことがあるよ！　他にあなたにふさわしい場所があるよ！　あなたの得意なことに目を向けてごらん。

など、視点の変化を促されている場合が多いのです。

なぜなら、誰かへの嫉妬心や嫌悪感が強ければ強いほど、腹立たしければ腹立たしいほど、実はあなたに、他のギフトが用意されている場合が多いからです。

つまり、高次元はあなたへ、もっとあなたに合う人がいるよ、他の仕事であなたは大成功するんだよ、自分のペースで夢が叶うから信じて！　と教えてくれているのです。

愛のアラームサインは、嫌な苦しい感情を伴います。そうでないとそのままそこにとどまってしまうからです。

特に嫉妬心による怒りが大きいなら、それはもしかしたら、自分の素晴らしい可能性やギフトに目を向けようとせず、自身の人生に向き合おうとしていないことに対して、あなたの潜在意識からの怒りのサインかもしれません。

もっと自分に意識を向けましょう。パートナーにまつわる嫉妬心があっても、追いかけるよりもあなたが仕事や趣味に打ち込めば、より成熟した関係性を築けるかもしれません。あなたの発するエネルギーに見合った新しい人が登場する可能性もあります。

職場やコミュニティ内の誰かへのジェラシーがある時もすべて、ご自身へ目を向けてみてください。自身の人生へ向き合い、行動する人に扉は開かれます。


実は自分は嫉妬深いかもと感じている方は、今まで人のために尽くしすぎて、自分の人生を思うように生きることができなかった人が多いのです。

そんな方もヒーリングをすることで、無意識にあった複雑な思いが癒やされ、この人生の主役は自分なんだと、改めて自分軸で幸せな選択ができるようになります。

ひと昔前なら自立することが難しい時代だったかもしれませんが、今なら宇宙は応援してくれるはずです。

✦いい相手も危険な相手もサインを見逃さないで

出会った相手と仕事、恋愛、プライベートで付き合っていいかどうかも、サインが教えてくれます。

良い付き合いができる相手とは、関係を深めるような後押しが高次元からあったりするでしょう。

最初は恋愛対象と思っていなかった人となぜか会う機会が増え、よく話をしたら自分にふさわしい相手だった、というようなこともあります。

逆にトラブルが頻発したりするようなら、自分にとって良くない相手と付き合わないようにしてくれているのかもしれません。

自分の気持ちがサインを送ってくれることもあります。頭では「この人とは付き合ったほうが得をする」と思っても、アポを取ろうとしたら気が向かない、というようなことがあるのです。

その場合、後で「やっぱりあの人は自分とは合わなかった」とわかるかもしれません。

特に結婚は、人生において最も大きな契約の一つでもあり、その人の人生を大きく左右します。子どもができれば子孫を残すことにもなり、家族にとっても大きな意味があるといえます。

ご先祖さまたちも、本人が幸せになれる相手とぜひ結ばれてほしいと心から願っているため、さまざまなサインを私たちに送ってくれるのです。

この人、という相手と結婚する時には普段より勢いがついたりしますし、途中で問題が起きたとしても、ちゃんと乗り越えられるはずです。

反対に、結婚相手としてふさわしい人ではない場合、どんなに長く付き合っていても、なぜか結婚に踏み切れないことがあります。

最初は良いと思っていた男性と途中で縁が切れたと思ったら、後で借金や浮気癖があることがわかった、というような場合もよくあるのです。

結婚しようかどうか迷っている人がいたら、サインをよく観察してみてください。きっとご先祖さまが教えてくれるはずです。

私は普段大きな決断には慎重なタイプなのですが、夫とは出会って3か月で結婚しました。

出会ってから結婚に向けて、驚くほどすべてがスムーズに進んだのです。それがご先祖さまや高次元からのサインだったのだと思います。

もともと私の結婚のイメージは、「好きなことができなくなる」「義理の家族との人間関係が不安」といったネガティブなものばかりでした。

そうなるくらいなら結婚しなくていいと思っていたので、付き合ってから譲れない希望を夫に告げると、夫が全部好きにしていいと言ってくれたのです。

それからも相手を知れば知るほど、障害になるものが何もないとわかり、この人とだったら結婚しても大丈夫だと思いました。

今でも夫が私にとってベストパートナーだったと思えます。

✦家具・家電の不具合は「自分の変化」の兆し

自宅の家電や家具が急に壊れるのは、変化の時が来ているというサイン。またはうまくいかなくてイライラしているか、限界が来ているか、身近な人や日常への感謝を忘れているのかもしれません。

どれが当てはまる気がするか、自分の感覚を信じてみてください。壊れるのは悪い予兆だと思う人もいるのですが、そうではなく、いずれにしても古い波動がデトックスされたということ。災いを福に転じることができるサインと思っていいでしょう。

特に不思議と立て続けに物が壊れるような場合は、これから状況が変わってうまくいく、という意味が大きいです。

私が学生時代に一人暮らしをしていた時も、トースターが壊れ、そのすぐ後に冷蔵庫の温度が下がらなくなって、庫内の物が全部ダメになることがありました。

しかもほどなくして今度は暑い日にエアコンが壊れてしまい、直そうと思ってテーブルに上がった瞬間に、その脚がなぜか途中で折れてしまったのです。

当時は、無理をして自分らしくない生き方をしていて、人間関係などもことごとくうまくいかない時期でした。そこにこの出来事があり、すっかり心が折れてしまって、実家に帰ることにしたのです。

その時は最悪な状況にしか思えなかったのですが、実家に帰ると決めたとたんにとても心が楽になったのをはっきりと感じました。

そして、家の物が壊れることで、この場所での学びは終わったんだと教えてもらった気がしたのです。

実際に実家に戻ってからは、少しずつ自分を取り戻すことができ、興味あることを仕事にしながら無理なく生きられるようになりました。ですからその時の感覚は間違いではなかったといえます。

✦壊れた物はすぐに買い替えて流れに乗ろう

壊れた物を買い替えると、よりステップアップの効果が期待できます。

私の例でいうと、先日今の家でもエアコンが壊れてしまい、猛暑のシーズンで暑くてたまらなかったのですぐに買い替えに行きました。

しかし同じように暑さでエアコンを買い求める人が増えており、お手頃な価格帯のものは全部売り切れ……。しょうがなく高くて良いものを買い、予算はオーバー。その時は落ち込んだのですが、後で「これはいい流れのサインかもしれない」と思えたのです。

結局その後で本当に良い仕事の流れがきて、快適な高性能のエアコンを使いながら働くことができています。

ポイントは、壊れたらできるだけ早く買い替えること。一気にいい流れがきます。古いものはそのままにしておくと良くない波動が出てくるので、早めに処分してください。

買い替える時は、思わぬ出費があって痛いと思うかもしれません。けれども、そうやって身を切る勇気が、新しい流れを作ってくれるのです。

特に新製品でバージョンアップしたものを手に入れるのは、より波動が上がるサインです。現実的にも、技術がどんどん進化しているので、最新の製品は前より使いやすくなっていますよね。

新しいものを備えて環境をより良く整備していくと、それによりさらに生活が快適で楽しくなります。物事をスムーズに進められるようになり、さらに運も強くなっていくのです。

自分らしく生きるチャンスが来た

✦封印された生き方が、ついに解放された

いかがでしょうか？　ここまでの高次元のサインを見てあなたは直感でどう感じましたか？　その感覚に従ってみてください。

今までの時代は、生死に関わることに直感を使うことはあっても、普段の生活では直感を使う機会はそれほどありませんでした。生きる道の選択肢があまりに少ないために、直感で選ぶ必要がなかったためです。

けれどこれからの時代は、たくさんの選択肢があり、正解もありません。

自分で自分の感覚を信じて、自分の道を歩むことが求められます。

時代の変化についてもう少しお話しすると、80年ぐらい前までは、今のよう

に豊富に物が得られる世の中ではありませんでした。

戦争もあり、誰もが何とか食べて生き延びることが精一杯だったのです。

少しでも物質的な豊かさを追求するしか選択肢がなく、楽しさを求めたり、自分らしく自由に生きるなんてとんでもないことだと思われていました。

その結果、社会全体が物質的に豊かになって、ほとんどの人が何とか食べていくことができるようになりました。

身分に関係なく誰でもお金を稼げるようになり、豊かな暮らしをする人も増えてきたのです。


お金さえあればほとんどのことができ、お金がある成功者が素晴らしいと思われて、最も社会に影響力があった時代でもありました。

それはそれで恩恵があったのですが、物に満たされるようになると、世の中が大きく変わりました。精神的な豊かさをより重視する流れになったのです。


それにより物質的な豊かさ優先の時代には封印されていた自由や、自分らしさを追求する生き方も解放されてきました。

今までの時代と違って、これからは自分の感覚で生きることが、幸せの道になります。

仕事も、独立や起業、副業、リモートワークなど、ますます自分に合った働き方ができるようになってきます。

今までは情報でコントロールされていた時代でしたが、人々の感性が磨かれてきて、「この情報はおかしい」といったこともすぐにわかるようになります。それをそれぞれが発信することで、真実が広まるのも当たり前になっていくでしょう。

✦「許すしかない時代」が終わった

過去に自由に生きることが難しかった時代は、何があっても受け止めるしか術はありませんでした。誰かに何か嫌なことをされても抵抗できず、せめて心を穏やかにして、相手を許すということしかできなかったのです。

しかし今は、誰もが許せないことは許さなくてもいい時代になりました。

もちろん許すことで精神的に成長できる面もありますし、その場がうまくまとまるというメリットもあります。それに、何でもかんでも許さないでいると、自分自身を苦しめ、どんどん生きづらくなるかもしれません。

けれども、理不尽でどうしても許せないことに関しては、もう受け入れずにちゃんと主張していいのです。今はどんな人でも自分の主張をする平等と自由が与えられています。

実際にこれまでは泣き寝入りするしかなかったような権力者とのトラブルが、ＳＮＳで投稿した内容が拡散され、解決に向かうようなことがよく起きています。

またお店で農産物が売れ残ったり、予約のドタキャンがあったら、これまでは売る側が損を被るしかなかったかもしれません。しかし今では、ＳＮＳを通じて協力する人がたくさん現れて、救ってくれることもあるのです。

理不尽なことを許さずに主張するのは、わがままではありません。

それにより、ずっと変わらなかった悪しき慣例が改善されるなど、自分だけでなく他の人にとっても良い結果をもたらしてくれるものなのです。

✦自分らしく生きたほうが幸運に恵まれる

自由な生き方ができる今は、嫌だと思うことを自ら選ばなくてもいいのです。それなのに、苦手なことをがんばれと自分に言い続けるのは、もったいないといわざるをえません。

例えば人間関係にしても、昔は苦手な人とも付き合わないと生きていけない面もあったでしょう。しかし今では、嫌いな人と会って拒絶反応が出るくらいなら、がんばって付き合わなくてもいいのです。他に生きる手段はいくらでもあります。

自分で自分の生き方に許可出しをすれば、ちゃんとその人生を生きていける時代です。ぜひ自分らしい生き方を許可し、できることをやってみてください。

最初は行動するにも勇気が必要かもしれません。

けれども、いざ動いてみれば、本来の自分を受け入れてくれる相手に恵まれたり、自分が呼吸しやすい環境に導かれたりするのです。

自分らしく好きなことをして生きると、やる気がみなぎり、行動力がアップします。その力で、何か問題があった時にも乗り越えることができるはずです。

さらにそのエネルギーが他人に影響を及ぼし、インフルエンサーになったり注目を浴びることもあるでしょう。

反対に、やりたくないこと、苦手なことばかりしながら生きていると、自分に自信がなくなっていき、やる気がそがれていきます。

私も結婚する時に、自分らしく生きていくためにしたことがあります。

私は何らかの形で仕事をしたいと思っていましたし、人付き合いも無理にするとストレスが溜まるタイプです。

ですから専業主婦にはなれないかもしれないし、義理で夫の実家と頻繁に付き合うことも、同居もできないと思っていました。

ひと昔前は、嫁は家庭中心で嫁ぎ先に合わせるもの、という考え方が当たり前でした。けれども、その古い習慣に合わせようとしたら必ず自分が後でつらくなると思いました。

そこで、破談になるのも覚悟で「いわゆる昔の良妻賢母を押しつけられるようなら一緒にいられない」と夫に話したのです。

すると夫は「それでいいよ。自分は気にしないから」と言ってくれました。

おかげで結婚後も無理のない範囲で義理の両親と付き合うことができました。そうすることで、関係もとても良好になり、逆にあんなに身構える必要はなかったんだと今なら思えるほどです。

ですが、もし最初に世間の常識に合わせようとして我慢していたら、結婚生活は続かなかったかもしれません。

✦自分が変わっていくと周りの人間も変わる

自由を抑えつける封印が解けたといっても、まだまだ時代に合わせて考え方をアップデートできない人も多いと思います。

特に人生経験が長いと、今まで培ってきた生き方を方向転換するのは難しいかもしれません。

自分の感性を大事にしてやりたいことをやるなんて自分勝手だ、といわれていた時代に生きてきた人が、その刷り込みを外すのはかなり大変だと思います。しかし考え方をアップデートできないと、新しい時代に生きるのが苦しくなってくるかもしれません。少しずつでも意識を変えて自分らしく生きる許可を自分に与えてみましょう。

思い切って行動も変えていってください。

まずは周りに、自分はこういう人間だということを表現してみてください。家族に「私はこういうことが嫌だ」「私はこうしたい」と言ってみるのもいいでしょう。もし何十年も我慢していたのであれば、それさえ大変なことかもしれませんが、勇気を出して行動してみてください。

自分らしくいられる時間を確保するのもいいことです。趣味でも仕事でもいいので、楽しいことを見つけてやってみましょう。

すると自然に、言葉の伝わり方がまったく違ってきます。

相手に何かしてほしい時に、その人を変えたい、コントロールしたいという気持ちで言うと、相手が反発してなかなか聞いてもらえないかもしれません。

ところが、自分が楽しい気持ちで素直に「これをやってほしい」と言うと、相手も素直に聞いてくれるのです。

自分自身も、相手に変わってほしい気持ちを込めた言葉はなかなか言いにくいかもしれません。しかし自分が好きなことに対しては、自然と言葉が出てくるもの。

魔法のように、自分が変わると共鳴して相手も変わるのです。

第 4 章

月のパワーで浄化！
ぐんぐん幸運を引き寄せる

月のエネルギーを利用しよう

✦「大きな決断」も月の力を借りてみて

新月と満月の日は直感が冴え、普段よりも深いメッセージを受け取ったり、気づきが得られやすい特別な時期です。その時の過ごし方をお伝えしましょう。

月の引力は潮の満ち引きと関係していて、新月と満月の日には干潮と満潮の差が最も大きくなりますよね。

私たち人間の体も70％前後が水分でできているので、海の水のように月のエネルギーの影響を受けています。その影響で新月・満月の日は精神的にもいつもと違った感覚になるのです。

特に夜は、自分の内側にある潜在意識や、物事を敏感に感じられる女性性の部分とつながりやすい時。

昼間は太陽の光が明るくて、風景がよく見えますが、夜は見えにくいですよね。その分、ちょっと音がしただけでも敏感になり、何が潜んでいるんだろうという不安や、好奇心がわいてきます。

また昼のまぶしい光の中では目立たない小さな光も、夜は鮮明に輝いて感じられますよね。それだけ夜というのは、些細な物事や微妙な変化などにも気づきやすく、自分の感覚にも敏感になれるのです。

満月と新月の日は、潜在意識からのメッセージをダイレクトに受け取りやすいため、普段気づいていない願いや不安にも気づきやすい日です。

ヒーリングをしても、感覚が冴えているために高次元とつながりやすくなります。その時ピンときたヒーリングをしてみましょう。

タロットカードを引いたり、自分の気持ちを書き出すのもおすすめです。自分の内側をより深く知ることができます。

いろいろな方が唱えられているように、特別な月の力を利用して、新月と満月の日に願い事を書いたり、予祝（前祝い）したりするのもいいでしょう。

YouTubeの私のコミュニティでも、満月と新月の日に遠隔ヒーリングをやっています。やはり普段よりも意識が自分に向きやすく、心を開いてエネルギーを感じられる方が多いようです。

✦新月の日は新しいことの「スタート」に最適！

新月の日は何かをスタートするのに一番いいタイミング。

月のサイクルは見える部分がゼロになる新月から始まります。その始まりのタイミングに新しいことをスタートさせれば、順調に軌道に乗せることができるのです。

それまで考えていたことを具体的に行動に移し始めるには、最適な日といえます。実際にその日にスタートしなくても、新しい方向性を固めるのもいいでしょう。

新しいことがうまくいくようにお願いしたり、「必ず成功させるんだ」「やり遂げるんだ」と決意するだけでもかまいません。

私が新しい企画や商品を開発する時は、いつも新月の日に「みなが喜んでくれるような、本当にいいものを作ろう」と決意を新たにしています。その日に気持ちを固めておくと、あきらめずに続けられるようになるのです。

物を新しくするタイミングとしても、新月の日は最適といえます。

アクセサリーや服やバッグ、化粧品など、新月の日に新調してみてください。その日に新しい物を買うのもいいですし、先に買っていた物をその日から使い始めるのもいいでしょう。

新調した物を使うことで、新月の始まりのエネルギーをいただけて、物事がスムーズに進んだりします。

自分自身もそのグッズを手に取って見るたびに、新月の日の願い事を思い出して、決意を新たにまたがんばろうと思えたりするのです。

新月の日にどのヒーリングをしてもいいのですが、特に宇宙ヒーリングのエネルギーが受け取りやすいでしょう。

次のサイクルへと向かっていく最初の日である新月には、未来との関係が深まりやすくなります。高次元の中でも未来のことは宇宙のカテゴリーに入るため、新月には宇宙とつながりやすいのです。

ヒーリングする時は、未来のビジョンに向かうところを思い浮かべるといいでしょう。

また、これから来る新しいものをダウンロードしたり、新しいエネルギーを受け取るイメージをするのもいいと思います。

宇宙ヒーリングの前に、まずハイヤーセルフヒーリングをするのもおすすめです。

ハイヤーセルフとつながって今の自分の軸ができると、ぶれずに確実に、思い描く未来に向かっていけるでしょう。

✦満月の日は成果を振り返って感謝する日

満月には、今まで培ったものの完成、収穫、成果が出るといったエネルギーがあります。いったん終わらせたものを手放すのにもいい時です。
そういった満月の持つエネルギーに合わせた行動をすると、運がうまく回っていきます。

最もおすすめしたいのが、今までの成果や完成に感謝をすること。

感謝の波動はとてもパワフルです。新月からの2週間を振り返って、無事に乗り切れたこと、ケガや病気なく過ごせたことに感謝し、「ありがとう」と言ってみてください。
これまで得られた豊かさや、満ち足りたところに気持ちが向き、幸せを感じられるはずです。その意識の波動がまた幸せや豊かさを引き寄せてくれるでしょう。

家族や友人、仕事仲間など身近な人にも「いつもありがとう」などと日頃の感謝を口にしてみてください。自分の心もとても温かくなりますし、相手も喜んでくれます。

他にも、店員さんと買い物中に話をする時など、誰かとコミュニケーションする機会があったら、できる限り「ありがとう」と伝えてみましょう。

日頃言い慣れていない人は気恥ずかしいかもしれませんが、思い切って言ってみてください。

身近な人には、満月の日は特別な感謝の日だと予め伝えておくと言いやすいでしょう。

私も離れて暮らす親や兄弟に対して、あらたまって感謝を伝えるのが恥ずかしい感じがしていました。

そこで満月を理由に「今日は感謝の日だから、いつもありがとうって伝えるね」と言うようにしたら、とても伝えやすくなったのです。

観葉植物やお花、飼っているペットなどにも「すくすく育ってくれてありがとう」などと声をかけてみましょう。心が通じて、前より元気になったように感じられたりします。

ヒーリングにも感謝を取り入れてみましょう。

特に満月の日は、ハイヤーセルフや霊界とつながりやすい日。新月からの日々を無事過ごせたことに感謝しながら、高次元の存在やご先祖さまに「ありがとう」と言ってみてください。

そうすると高次元とのパイプが太くなって、さらに強いパワーを受け取ることができます。

✦あふれてくるさまざまな感情は自分で選べる

満月の日は溜められてきたものが満ちる日ともいえます。気持ちの上でも、満足か不満かのどちらかが満ちてくることが多いでしょう。

日頃から不満やストレスが溜まっている場合、その日に限界を超えて爆発しやすくなります。

満月の日にトラブルが起きやすい人、不調になったり、イライラしてしまう人は、ストレスや不満を抱えている可能性が高いといえるでしょう。

普段から家族に対して「なんでこれをやってくれないんだろう」、職場の人に「どうしてわかってくれないんだろう」などと思っていないでしょうか。

満月の日はそれが積もり積もって、「もう限界。関係を続けられない」と最悪なほうに考えがちです。


以前は私自身も、満月の日によく感情が爆発して、家族と喧嘩したりしていました。

しかしある時「満月の日はこれまで培ったものがあふれる日だから、今までのことを感謝したら変わるかもしれない」と思ったのです。

そこで満月の日は感謝の日と決め、いざやってみたら、ありがたいと思えることがたくさんあることに気づけました。

それからは満月の日がまったく別の日になりました。感情が爆発しなくなり、家族と喧嘩することもなくなったのです。

「ありがとう」と感謝の気持ちを相手に伝えることで、空気がガラッと変わって、とてもいい雰囲気になるのを感じます。それからは、家族ととてもいい関係が築けるようになりました。

自分自身が実践するようになってわかったのですが、「この日はいい感情で自分を満たしていこう」と決めれば、ちゃんといい感情に意識を向けることができます。

カレンダーに印をつけるなどして、なるべく忘れずに、満月の力を利用してみてください。きっと嬉しい変化を感じられるはずです。

不満が満ちるというのは、他人だけでなく自分自身に対してもいえます。

普段から自分に満足せず、「なんで自分はちゃんとできないんだろう」などと否定してばかりいないでしょうか。

その気持ちが満月にあふれると「どうせ私は何をやってもダメなんだ」と自分を追い詰めてしまいます。

時には自分に対して、「そんなんじゃダメだ」「もう少しがんばらなきゃダメだよ」と叱咤激励することも必要かもしれませんが、それだけで終わらせないでください。

ちゃんといいところも見て「こんなところがいいね」「がんばってるね」と言ってあげましょう。自分を思いやり、たくさんほめてあげましょう。

満ち足りる日である満月の日には、今の自分に対して満足できる部分をクローズアップすることもできます。

今の自分がダメだからがんばろうと思ってばかりいると、肩に余計な力が入って、うまくいくものもうまくいきません。

それに対して、今の自分のいいところで心を満たしていると、満月からの新しいサイクルをリラックスして楽しくがんばることができます。そのほうがスムーズに物事を進めることができるのです。

満月の日は成果を「刈り取る日」でもあります。なるべく自分にできたこと、達成したこと、成果などを数えてみてください。

そして、他人だけでなく自分にもちゃんと感謝してください。

自分自身が普段当たり前のようにしていることも、今までがんばって生きてきた成果です。それに対して改まって感謝したことがない人も多いのではないでしょうか。

本当は毎日「よくやってくれてるね」「いつもありがとう」と自分に言うといいのですが、慣れない人は満月の日だけでも言ってみてください。

✦卒業と浄化でステップアップ！

満月の日は完了、卒業の時でもあり、「いったんここで決着をつけよう」と思うと、後押しがあります。一つの節目として、古いものを手放すにも最適な時だといえます。

不要な物があれば、今までのことを振り返って改めて感謝をした上で、手放しましょう。

満月のパワーを借りて、前向きに次に向かうことができます。

感情の面でも、ネガティブな気持ちを手放せます。「これ以上このことで悩むのはやめよう」「もう執着するのはやめよう」と強く思って決めると、気持ちの整理がついて、本当にその感情が解放されるのです。

古い自分を手放し、気持ちに一区切りつけたい時は、次に進むための卒業式をイメージするのもいいでしょう。

これまであったことに「今の自分を作ってくれてありがとう」「学ばせてくれてありがとう」と感謝し、「だけどもう次に行きます」と宣言すれば、新しいステップに進むことができるはずです。

溜まっていたものを手放せるので、パワーストーンの浄化にもぴったりです。

いつも使っている石やアクセサリー、御守りなどを満月の光に当ててみましょう。外に出さなくても、窓辺などに置いて、ガラス越しに光を浴びせるだけでもかまいません。

石を浄化するなら、水晶の上に載せる方法もあります。それを併せてやってみるのもいいでしょう。

この時に、今まで自分を守ってくれたことに感謝して「いつもありがとう」

と言うのがおすすめです。感謝のエネルギーを向けると、さらに浄化のパワーが高まるでしょう。

私も満月の日には持っているパワーストーンを水晶の上に置き、「ありがとう」と言っています。そうすると濁《にご》りが取れて、クリアになったように感じられます。

特にいつも身に着けているラピスラズリは、直感力を磨いて、夢を叶える力をくれる石といわれます。

満月の日に感謝して浄化すると、その後に使う時には確かに直感が鋭くなったと感じられるのです。

✦「予祝」は実感を込めて祝おう

満月には収穫のエネルギーもあるので、これから良い結果を刈り取るところをイメージしておくと、実現しやすくなります。

願望達成術として、今ある願いが叶ったものとして前祝いをする「予祝」がありますが、それも収穫のエネルギーを利用しています。何か叶えたい望みがあったらやってみましょう。

実現したことを前提に、気持ちを込めて「○○が達成できました。ありがとうございます」と感謝してみてください。

私自身も何の仕事をすればいいか迷っていた時に、「本当に自分がやりたい仕事で、豊かになることができました。ありがとうございます」と実感を込めてお礼したことがありました。

するとその後で本当にYouTubeという自分に合った仕事を見つけ、当時より豊かになれたのです。

ただ、予祝しても望みが叶わないこともあります。

叶うかどうかは、自分のどんな気持ちが入っているかによります。本心が伴わないと、満月のエネルギーがちゃんと受け取りにくいのです。

必ず叶えられると信じられる望みや、自分の本音から出た望みは、引き寄せる力が強いといえます。

なかなか叶わない時は、潜在意識を見つめやすい満月と新月の力を利用して、本当は自分が何をしたいのか探ってみるのもいいでしょう。

その際にヒーリングでハイヤーセルフなどにつながると、より本心に気づきやすくなります。もしかしたら違う望みを持っていたとわかるかもしれません。

月のリズムで開運アクションをルーティン化！

✦「玄関掃除」と「盛り塩」の習慣化

掃除など、幸運を呼び込むためにできる開運アクションがあります。本当は毎日できたほうがいいのですが、忙しかったり生活に変化があったりすると、なかなか続きませんよね。

そんな時は、新月と満月の日だけでも意識してやってみましょう。ルーティン化しやすい上に、月のエネルギーをいただけて効果も高まります。

私が特におすすめする開運アクションが、玄関の掃除と盛り塩です。

玄関は家と外をつなぎ、外から入ってくる人や物を最初に受け入れる場所。その分邪気や邪念が外から入りやすいのですが、掃除できれいに浄化することにより、波動が合わなくなって寄ってこられなくなります。

実際に私も、以前はよく家族が帰ってきた時に頭痛がしたり、気分が悪くなっていました。

しかし玄関掃除と盛り塩の交換をするようになってからは、調子が悪くなることも激減したのです。

また邪念が祓《はら》われたせいか、タロットにも集中しやすくなり、より的確なリーディングができるようになりました。

今では私にとって一番の開運法であり、自分を保護してくれる御守りのようなものになっています。「自分が今の仕事を続けられているのも玄関の掃除のおかげ。一生やっていこう」と決めているほどです。

掃除の流れとしては、玄関の周りを整理してから掃き掃除をします。次にペパーミントを垂らした水で濡らしたペーパータオルや雑巾を使い、汚れ拭きをして終了。時には靴箱も同じようにします。

塩や香りにも浄化作用があるので、掃除の後は盛り塩を交換し、最後にお香をたいています。

花も空気を浄化してくれるので、好きな花を飾ることもあります。それだけでとても効果が感じられます。ぜひ試してみてください。花の香りは邪気祓いの効果が高いため、特にユリなど強い香りの花を飾るといいでしょう。

塩は天然塩を使ってください。にがりの入った少し湿ったものは、盛り塩にもしやすいです。

形は円錐形にします。盛り塩用キットが百円ショップで売っていることもありますし、自分で型紙を作ってもいいでしょう。

玄関掃除は毎日するといいともいわれますが、難しければ新月と満月の日にやるだけでも、絶大な効果があると感じます。

中でも新月の日にはスタートの気持ちを込めて、満月の日には感謝の気持ち

を込めてやると、月のエネルギーが取り込みやすいでしょう。

ただし掃除の効果には個人差があります。今元気で幸せ、順調、という時ほど、効果は感じにくいものです。

最近疲れる、ついていないと感じる、ストレスがある、邪念を感じやすいといった場合に試してみると、より違いがわかりやすいでしょう。

✦掃除で気持ちがリセットされ、本心に気づける

玄関だけでなく、家の掃除にはたくさんのメリットがあります。

無心に掃除するだけで、気持ちがリセットされて、イライラが収まったり、不安や怒りなどが消えていったりしますよね。

心が整うことで、潜在意識の中にあるものが浮上してくるので、いいアイデアや必要なメッセージなどもひらめきやすくなります。

見えない領域につながりやすい新月・満月のタイミングに念入りに掃除をすると、特に効果が感じられるはずです。

自分の本心にも気づきやすいので、迷った時にも結論が出しやすくなります。

例えば仕事を続けるかどうか迷う時に掃除をすると、「お給料をどうしよう」といった不安が払われていき、「本当はやめたい」という本音が残るのです。

掃除をすると不要な物が捨てられるのも、大きなポイントです。物が少なくてすっきりしていると、情報に惑わされずに、自分の内側に集中しやすくなるでしょう。

反対に、たくさん物があると、情報が入りすぎて、あれもいいな、これもできそうだな、と迷いやすくなるはずです。

人から何か吸収したい時は、新しい情報をどんどん入れるのもいいかもしれません。

けれども、自分がどうしたらいいかわからないという時は、外から情報を得るよりも、自分の中に意識を向けたほうがいいといえます。

そんな時は一度物を捨てて、情報をクリアにすることをおすすめします。

私が「自分にいったい何ができるんだろう」と迷った時も、知識を詰め込む前に掃除をして、自分をクリアにしたほうが良いだろうと感じました。

そこでキッチンやお風呂、リビングのテレビ台の後ろなど、とにかく家中のありとあらゆる場所を毎日掃除したところ、次に進む道がある日はっきりわかったのです。

また、願い事がある時も、掃除をすると叶いやすくなります。迷いがなくなり、自分がこれからこうしたいという思いも強くなるために、望む現実を引き寄せる力が強くなるのです。

忙しくてなかなか掃除ができないという人は、気持ちをリセットしたい時に旅館やホテルに泊まってみるのもいいでしょう。

ホテルや旅館の部屋はとにかく物が少なく、シンプルで掃除も行き届いていますよね。

日常から離れてそのようなクリアな場所に身を置くことで、自分の頭の中も整理できるのです。

できる方は思い切って引っ越しするのも、大きな気分のリセットになるでしょう。たくさん物を捨てられるのも大きいですし、その後に新しい物を揃えることで、新しい自分にもなれます。

今の自分が好きな物を揃えていけば、ワクワクして気分が上がりますよね。その波動が新しい自分に合うものを引き寄せてくれます。

掃除は「邪気祓い」の効果も

掃除には悪いものを祓う効果もあります。

何か悪いものを感じたら、「絶対に悪い波動を受け取らない」「私は守られている」「絶対に悪い影響は受けない」といった強い念を込めて掃除してみてください。

悪いものを寄せ付けないために必要なのは、強い気持ちです。その気合と気迫がバリアを張り、嫌なものが寄ってこれなくなります。

私は特に玄関掃除の時に実践していますが、やはり念を込めたほうが効果があると感じます。

掃除の仕上げに、気持ちを込めながら「祓えたまい、清めたまえ、神《かむ》ながら守りたまい、幸《さきわ》えたまえ」と浄化の言霊を心で唱えるのもいいでしょう。

玄関の盛り塩の交換の時にも唱えると、浄化の効果が高まります。

「ネガティブなエネルギーを鏡のように返して、完全に守られます」というようにアファメーションするのもいいことです。

はっきりと心の中で唱えてもいいですし、口に出せばさらに音で響かせることができます。

1回だけでなく10回ぐらい唱えると、なおさら気持ちが強まるでしょう。

多少気弱になっている時でも、言霊を使うことで「自分には悪いものを祓うだけのパワーがあるんだ」と思い直すことができます。

✦近所の神社にこまめに参拝する

神様は生霊やネガティブな人の念を祓い、私たちを守ってくれる心強い存在です。神社に行けば、その神様の波動を浴びることができます。悪い波動を外せるだけでなく、自分自身の気持ちも整い、エネルギーもチャージできるでしょう。

立派な神社に行くのもいいことですが、おすすめは近くにある神社に足しげく通うこと。

そこで土地の神様とご縁を作り、守られていることに感謝しましょう。大きさは関係なく、できれば徒歩で行けるくらい近所がいいです。近くにある神社は、その土地にあるものたちを守ってくれています。

神社は至るところにあるので、探せば近場にいくつか見つかることが多いでしょう。いくつか行ってみて、雰囲気の違いを感じてみてください。

安心できる、気持ちが軽くなる、癒やされる、温かい感じがするなど、いい

感覚があったらそこが自分にご縁の深い神社です。

ぜひ通ってみてください。


お参りするのはなるべく午前中がいいでしょう。昇ったばかりの太陽の強いパワーが受け取れます。

夜漂っていた空気が太陽の光で浄化されるために、空気も澄んでいて、邪気も少ない時です。


参拝する時は心の中で自分の住所と名前を言いましょう。私は犬を連れていくので、犬の名前も告げています。

そして「いつも守ってくれてありがとうございます」と心の中でお礼を言ってみてください。神様も素直に喜んでくれます。

神様に感謝しているとつながりがより深まり、さらにかわいがってもらえます。


後ろに待っている人がいなかったら、時間を使って神様にいろいろ話しかけてみてもいいでしょう。

お礼を言ってから「今日一日無事に過ごせますように。お守りください」「仕事がうまくいきますように」など、その時のお願いをいくつか伝えてもかまいません。

お賽銭はその時の気持ちで、できる範囲でお渡しすれば大丈夫です。

頻繁にお参りに行けない場合は、満月や新月のように見えない世界とつながりやすい日を中心に行ってみましょう。

また、年末年始は初詣もいいですが、年の瀬に感謝詣をするのもおすすめです。人も少なく、清々しい雰囲気の中でじっくり神様との対話ができるはずです。

年内に近所の神社にお参りし、「今年も守っていただきありがとうございました」とお礼してみてください。

自分が一年がんばったこともほめてあげましょう。神様に心から感謝できて、翌年もがんばれるだけのパワーをもらえると思います。

✦遠くの神社もご縁があるところを選ぶ

たまに遠くの神社に行くなら、なるべく自分が興味を持ったところに行ってみましょう。自分とご縁がある可能性大です。

近所の神社と同じように、行ってみて元気になる、温かく感じる、歓迎されているといった感じがしたら、ご縁がある神社といえます。

スペシャルな神社には強いパワーがあるところもあり、そのパワーがいただけます。

私は時々日本中の有名な神社に行くのですが、中には人気なのも納得するくらい、とても強いパワーが感じられるところがあります。

一方で、客商売が上手というだけで、実際には何も感じられない場所もあったりするのです。

人が集まっているメインの場所にはパワーを感じず、むしろ裏側のほうがパワフルなこともあります。

ヒーリングを続けて感性が豊かになってくると、自分にご縁がある神社、パワーのある神社や場所がわかってくるでしょう。

掃除や神社参拝のように、昔から良いといわれる習慣は、パワーをいただけるものが多いようです。

ご先祖さまの時代には、今と違って病気になっても十分な医療がなく、干ばつになったら食事もできませんでしたよね。

そこで掃除や盛り塩をしたり、神社に通ったりして、自分の心身や居場所を清めて波動を上げ、悪いものを近づけないようにしていたのです。それがある程度の効果があったからこそ、今でも残されているのだと思います。

他にも、ヒーリングで霊界や高次元とつながるだけでも、波動を上げて、邪気を祓うことができます。

ぜひ命をつないでくれたご先祖さまに感謝しながら、ヒーリングをしてみてください。

第 5 章

あなたを手助けする 7 色のカラーメッセージ

カラーが教えてくれるメッセージとは

✦カラーからサインを受け取れる

私たちが普段目にする色には、それぞれ性質があります。

あなたは好きな色、嫌いな色、今とても気になる色などはありますか？

それぞれの色が持つ性質から、高次元からのメッセージや、自分の精神状態を読み解くことができます。


例えば「今日は赤が気持ちよく感じる」と思ったとします。赤はグラウンディング（大地のエネルギーを感じること）や生命力、やる気といった意味を持つ色。赤がとても心地よく目に入る時は、やる気がみなぎっていたり、パワフルになっている可能性があります。

反対に、「何となく今は赤はしんどく見える」と思ったとします。赤は赤信号の意味もあり、違和感があるなら「もう動きたくない」と思っているかもしれません。

次のような色に注目してみてください。

- 長年好き、嫌いだった色
- 最近好き、嫌いになった色
- 何となく気になる色
- 目に飛び込んでくる色、とても印象に残った色
- 夢で見た色
- ヒーリング中にイメージが浮かんだ色
- プレゼントでもらった物の色
- 洋服や小物など、最近買う物に多い色

色を意識してみると、込められたメッセージに気づきやすくなり、自分の感覚を磨くこともできます。

もしプレゼントでもらった物が、自分ではいつも選ばないオレンジ色だったとしましょう。

オレンジは良好な人間関係という意味のある色。それを知っていると「これから人間関係がうまくいくのかもしれない！」と高次元が伝えてくれるメッセージがわかったりするのです。

他の例では、以前私がボディトリートメントの仕事をしていた時にとても体が疲れている方がいて、紫の光のイメージが見えたことがあります。

紫には「高い精神性や慈悲心」という意味があり、その方への「現実と理想の間で葛藤を抱えているけど、高次元から守られている」というメッセージだとわかったのです。

気になった色や、なりたい性質のある色を使うことにより、その色の持つパワーを取り入れることもできます。

これからそれぞれのカラーの持つ性質を解説していきますので、日常で使ってみてください。

勇気を出して行動に移したいなら意識的に赤い色のものを身に着けたり、リラックスしたかったら緑の多いところに行くなど、楽しんでやってみましょう。効果が期待できます。

私はカラーセラピーを学びましたが、その経験から見ても、色の効果は大きいと実感しています。

✦色は「自分の周波数」とリンクする

そもそも私たちに色が見えるのは、物体を照らして反射した光が視界に入るからです。私たちは目の奥でその光の波長の違いを受け止め、脳で色として認識しているのです。

青空にかかる虹の7色の違いは、この光の周波数の違いです。光には波があって、長い波長は赤、短い波長は紫になるのです。

赤から紫の間の光の波は目で見える可視光線ですが、赤より波長が長い赤外線、電波や、紫より短い波長の紫外線、X線やガンマ線などの放射線は目で見ることはできません。

スマホやテレビ、ラジオなどは電波を使っていますし、紫外線は肌を傷めるとか、放射線は体に良くないなどと言われますよね。目に見えない光の波も確実に存在し、私たちに影響を与えているのです。


また私たちの体にはチャクラという7つのエネルギーポイントがあるといわれ、そのチャクラも赤から紫のカラーで表されます。一番下にあるチャクラが赤で、最上部にある頭頂部のチャクラが紫です。

それぞれの色は周波数が違うことで、異なる性質を持ちます。

赤は生まれたばかりの赤ちゃんのような波動で、人間の生存本能やアクティブさがあります。

それより波長が短くなるにつれて、成長して大人の特色を持つようになり、最も短い波長の紫は成熟して落ち着いた性質です。


人が好きな色や気になる色があるという時、無意識に今の自分が持つ波動に合う色を指しています。ですから色で、その時の自分の持つ性質やメッセージがわかるのです。

私の例でいうと、それまであまり着ることがなかった黄色の服をよく選んでいた時期がありました。

黄色は外に出ていく、注目を浴びるといった色。その時は確かに「人目を気にしすぎて引きこもるより、もう少し幅を広げて、楽しみながら自分らしさを表現していきたい」と思っていたのです。

またいろいろなストレスが重なり「今までのことをリセットしたい」と思っていた時期に、無意識に浄化や心機一転を意味する白ばかり身に着けていたこともあります。

この時に今までのことを清算したら、新しい流れが来ました。するとその後は自然に他のいろいろな色のものを選ぶようになったのです。

このように、過去のことを思い出して「あの時にブルーが苦手だったけど、それは強い人から抑えつけられていたからだ」「赤いものが好きな時は情熱的だった」というように振り返ってみるのもいいでしょう。

自分の変化により敏感に気づけます。

✦その色は心地よく感じるか、違和感があるか

色の持つ性質には、どちらかというとネガティブなものもあります。

例えば紫であれば、芸術的といったポジティブに取れる意味もありますが、現実逃避や支離滅裂といった、あまりイメージが良くない性質も持つのです。

色の持つサインに気づくためには、その色について自分がどう感じるかがカギになります。

気になる色や印象に残った色があったら、自分がそれに対してどう感じたかを考えてみましょう。

いい、好き、心地よいと思ったか、悪い、嫌い、不快と思ったか。あるいはその両方か。自分の感覚を深く探ってみてください。

その色が暑苦しい、うっとうしい、しんどい、違和感があるといった不快な

感覚があったら、その色の持つネガティブな意味が当てはまるかもしれません。

赤い色に不快感を抱いた時でいうと、あなたの中に葛藤、怒り、無気力な面が潜んでいるというメッセージの可能性があります。

ネガティブな意味は、愛のアラームにもなり、自分が苦手なこと、克服したいこと、コンプレックス、トラウマなどに気づかせてくれるともいえるでしょう。

好きだけれど何となく違和感があるというように両方の場合は、ポジティブなだけでなくネガティブなほうのメッセージも隠れている可能性があります。

気になっている色の両方の性質を見て、ピンとくるものが自分へのメッセージだと考えてみてください。

✦「サポートカラー」の効果をうまく利用する

各色には、その色の持つ性質を補ってくれる補色、サポートカラーがあります。サポートカラーはカラーチャートで反対側にある色です。

私たちは好きな色の性質を持っているのですが、同時に反対側のサポートカラーの性質も持っています。

気になる色があったら、そのサポートカラーも見ると、今の自分の状況や必要なメッセージがよりわかるようになるでしょう。

私が黄色を好きだった時は、黄色の持つ学習という意味が当てはまり、いろいろと新しいことを学ぼうとしている時期でした。そのサポートカラーの紫には、変容という意味があります。

それを見て「とにかく楽しみながら学べば、次のステージが待っている」というメッセージだとピンときたのです。

サポートカラーは、気になる色の力がベストな形で発揮できるようにしてくれます。

反対側の色が添えられていると、気になる色が際立ったり強く見えたりしますよね。いいところをサポートカラーがさらに引き出してくれるといえます。

またバランスを取り、中庸《ちゅうよう》に戻してくれる中和剤にもなります。ポジティブでも極端に行きすぎた時は、サポートカラーがバランスを取ってちょうどいいところに戻してくれるでしょう。
その色の持つネガティブな意味が出すぎている時も、ポジティブのほうにバランスを取って修正してくれます。

例えばオレンジを不快に感じ、それが依存しているという意味だと感じたら、サポートカラーのブルーを思い浮かべてみてください。冷静さを取り戻し自立心が芽生えてきます。

気になる色を身に着けた時に、サポートカラーを差し色として取り入れると相乗効果が期待できます。好きな色が8割、サポートカラー2割ぐらいの割合でスパイス的に使ってみましょう。

具体的には、一番好きな色をメインの洋服に着て、サポートカラーをポーチやノートに使うなどしてみてください。

もしオレンジが好きだったら、オレンジの物を身に着けると、良好な人間関係やユーモアを後押ししてくれます。ですがそれだけだと軽く見られたり、楽しいだけの人と思われることもあるかもしれません。

そんな時にサポートカラーのブルーを少し取り入れてみてください。深みが出て、「ちゃんとしたところもあるな」と見直してもらえたり、信頼されたりします。

サポートカラーの持つ性質を行動に取り入れてみるのもいいでしょう。

気になる色が赤で、怒りを抱えていると思った場合であれば、緑の持つ性質である深呼吸やリラックスを実践したり、大自然の中に行くなどしてみてください。感情の高ぶりが落ち着いてきます。

ではこれから、それぞれの色が持つ性質を紹介していきます。楽しみながらうまく日常に取り入れて、色のサポートを存分に受けてくださいね。

7色のチャクラカラーの性質

①レッド（第1チャクラ・ルートチャクラ）

✦快のレッド……ポジティブな感情が浮かんだ時

生きるための本能の色で、ライバルに打ち勝とうと燃える気持ち、やる気や気力がわいている色。現状打破（形骸化したルールを刷新しよう、古いものを壊していこう）という熱い気持ちも込められている。

✦不快のレッド……ネガティブな感情が浮かんだ時

自分の中で葛藤を抱えている状態。怒り、赤信号、エネルギーがなくなり無気力になって動きたくないという傾向も。

✦サポートカラー……グリーン

自然体、リラックスの象徴。高揚しすぎた気持ちを落ち着かせて中庸に戻してくれる効果がある。特にネガティブな時、怒りや葛藤が抑えられない時は、緑の物を身に着けたり、大自然の中で緑に溶け込むように深呼吸するのも良い。

②オレンジ（第2チャクラ・下腹部のチャクラ）

✦快のオレンジ……ポジティブな感情が浮かんだ時

赤の示す生き残るための本能に、黄色の持つ楽しみが加わった色。達成感、洞察力、目立つ存在、フランクな人間関係、明るいユーモア、助け合い、セクシュアリティ、繁栄などを意味している。

✦不快のオレンジ……ネガティブな感情が浮かんだ時

自分と人の境界線、距離感がわからなくなってしまう状態。「この人がいないとやっていけない」という依存、親子などが自立できていないなど。自己中心的、感情がコントロールできない、ショック、トラウマを象徴している。

✦サポートカラー……ブルー

「大丈夫だから安心していい」という落ち着き感や、人生への信頼、冷静さなどを取り戻す色。海や水族館に行ったり空を眺めるのも精神の安定に良い。

③イエロー（第3チャクラ・みぞおちのチャクラ）

✦快のイエロー……ポジティブな感情が浮かんだ時

無邪気さを象徴している。楽しい、喜び、学び、気づきなどを意味している。一番目立つ、注目を浴びるカラーでもあります。

✦不快のイエロー……ネガティブな感情が浮かんだ時

黄色信号のようにAかBかで混乱して、自分がどこに向かっているのかわからない状態を示している。知識を消化できていない、情報に惑わされている、不安な状態など。

✦サポートカラー……バイオレット

ヒーリングの色。精神性や変化を受け入れる気持ち。孤独を愛すという意味も。落ち着いて進むべき道に進める。

④グリーン（第4チャクラ・ハートチャクラ）

✦快のグリーン……ポジティブな感情が浮かんだ時

とても自然体で、自分のスペースが確保されていて、自分らしく生きている状態。木のようにゆっくりと、でも確実に成長していることを示している。

✦不快のグリーン……ネガティブな感情が浮かんだ時

他人のスペースが気になったり、隣の芝生が青く見える状態。あの人はいいな、なんであの人ばかり良い目を見るんだ、と嫉妬している。

自分を愛していない、自分を好きになれない、無理をしすぎている傾向も。

✦サポートカラー……レッド

緑だけだと物足りないという時、成果や充実感が感じられる赤を取り入れる。カンフル剤として、やる気が出る。あれがしたい、これが食べたいという情熱を思い出し、自分の個性を取り戻す効果も。

リスクを取っても行動する勇気と情熱が加わるので、物事をやり遂げたい時にも効果あり。

⑤ブルー（第5チャクラ・喉のチャクラ）

✦快のブルー……ポジティブな感情が浮かんだ時

青空のもとで安心して成長している、守護の象徴。親や周囲の人間、社会に守られており、感性豊か。

文章や音楽で自分の感じていることを表現できており、深いレベルでくつろぎを感じている。公的な色として責任感や使命感の意味も。

✦不快のブルー……ネガティブな感情が浮かんだ時

喉がギュッとしめつけられる感覚を覚えている。威厳のある人への苦手意識や、自分が感じていることを言葉にすることへのためらいなど、人を信用できない（心を閉ざしている）状態。

✦サポートカラー……オレンジ

オレンジは喜びの感情を示す。オープンになれて、セクシュアリティへの罪悪感を手放せる色。自分の体験をもとに、より個性があるものを表現できるようになる。

⑥ロイヤルブルー（第6チャクラ・第3の眼のチャクラ）

✦快のロイヤルブルー……ポジティブな感情が浮かんだ時

眉間にある第3の眼で見えないものが心で見られる。カンが鋭く直感力やインスピレーションが冴えてくる。サイキック能力が開花することも。

✦不快のロイヤルブルー……ネガティブな感情が浮かんだ時

自分にしかわからないゆえに誰にも理解されない感覚を覚えている。深い孤独を感じていて、誰のことも信じられない、引きこもりたい、何も考えたくない、充電したいと心が疲弊した状態を示す。

✦サポートカラー……ゴールド

唯一無二の存在の象徴。自分が輝くことで、周りにいい影響を与えられる。すでに内在する過去世で得た叡智が生かせる。

⑦バイオレット（第7チャクラ・クラウンチャクラ）

✦快のバイオレット……ポジティブな感情が浮かんだ時

精神性、変容、成熟、孤独を愛せる、大人の色気などを示す。情熱的な赤と冷静の青というまったく逆の性質の色が混じってできる色なので、複雑。普通はわからないような先にあるものを見通せる。より良いものに質を変えていく芸術的な感性で、自分の経験なども芸術に昇華できる。今抱えている悲しみを癒やそうとしている。

✦不快のバイオレット……ネガティブな感情が浮かんだ時

現実逃避を示している。今の現実が本当に嫌でしょうがなかったり、現実と理想がかみ合わなかったりして葛藤している状態。不眠、くよくよ悩む、幻想に惑わされることも。

✦サポートカラー……イエロー

子どものような無邪気さや、明るさ、笑うこと、喜びを取り入れられる。

いかがでしたか？

このように普段、自分の目に飛び込んでくる色や、無意識に選んでいる色はあなたのさまざまな心理を表しています。

そこには、「これからこうしたらいいよ」「今これを克服すればステップアップできるよ」といったご先祖さまや高次元の存在たちの愛のメッセージも込められているのです。

今、自分がどんな色が好きなのか。どんな色を好まないのか、選ばないのかを少しだけ考えてみると、何かしらのメッセージを受け取れるかもしれません。

ヒーリングの最中に目に浮かぶ色にも注目してみてください。

色の持つ力はあなどれません。

サポートカラーも含め、日常にどんどん取り入れて、ぜひご先祖さまや高次元からの後押しを受けてくださいね。

おわりに

今時代は大きな転換期を迎えています。

宇宙の星の流れが変わり、今までとまったく違う、見えないものが脚光を浴びる時代へ。

明らかに宇宙が意図を変え、物質重視の時代から心の豊かさを求めるほうに舵を切り、個々の人生を大切に生きるステージへGOサインを出したのです。

そのおかげで今までないがしろにしてきた、大切な個性や、それぞれの真実で生きることが可能になってきています。

私たちの自由を抑えつけてきた封印は解かれました。

時代の追い風は、自分らしく生きる方向に吹いています。

その方向に向かっていく人は、持っている能力を存分に開花させ、世の中から応援が得られるようになっていくでしょう。
見えないものを心で感じ取る感覚も冴えて、新しい宇宙の意図、波動と同調し、ますますパワーを受け取ることができるはずです。

思い込みや常識に惑わされず、自分の気持ちや感覚を大事にしていってください。今までの時代と違って、自分の感覚で生きることが幸せの道になります。

その道を歩もうという情熱が力となり、あなたを変えてくれるはずです。
追い風を受けながら、思い切って前に進んでいきましょう。

今まで想像もつかなかった新しい風景、新鮮な空気、心躍る体験がきっとあなたを待っています。

私自身、過去にはずっと自分らしさを封印し、鎖をつけて生きていました。
その結果、やがて限界を迎えました。
けれどもそのおかげで、やっと人と違う生き方を許可できるようになったのです。

今では、子どもの頃から大好きだったタロットリーディングがライフワークになっています。

新時代の宇宙のパワーと、ヒーリングにより、過去世からずっと持ち続けてきた、自分を表現することへの恐れが解き放たれ、生まれ変わった気分です。

もちろん日々、日常生活の中で、自身の悩みがまったくないわけではありません。親や子ども、パートナー、愛犬といった家族のこと、仕事のことが喜びをもたらしてくれる反面、時として悩みの種にもなります。ですが自分らしく生きることで、幸せを感じられています。

本書で霊界とつながるヒーリングのお話をしたのも、みなさんに封印を解いて、自分らしく幸せに生きられるようになってほしいからです。

実際に霊界につながってみたら、自分がいかにご先祖さまや見えない存在たちから愛され、見守られているのかが絶対にわかるはずです。

どんなあなたでもいい。どんな欠点があっても、どんな苦手なことがあってもいいのです。

あなたは100%許され、100%愛されています。命ある「今」と自分を信じ、自信を持ってこれからも前に進んでいってください。

私も含め、命あるものは必ず死ぬ時がきます。

そして今度は私たちが霊界から、子孫や生きる者たちを見守ることになるかもしれません。その時、「今」を自分らしく精一杯生きたあなたなら、大切な人たちにたくさんの愛を与えられるに違いありません。

あなたが素敵な人生を歩んでいけることを心から願っています。

2023年12月

Ｅｒｉｋｏ

Eriko
タロットユーチューバー。イギリスのミディアム（霊媒師）たちからスピリチュアルヒーリングの才能を見出され、ヒーラーとして活動中。占い師やセラピストとして10年以上経験を積み、沢山のクライアントにリーディングやカウンセリングを実施。2019年にYouTube「STAR TAROT READING」にて三択リーディングを配信し始め、登録者数は11万人（2023年11月時点）を超える。現在、個人鑑定はしていない。

ご先祖《せんぞ》さまから恩恵《おんけい》をいただく「ヒーリング」の魔法《まほう》
祈《いの》るだけでお金《かね》や人間関係《にんげんかんけい》の悩《なや》みがほどけていく！

2023年12月28日　初版発行

著者／Eriko《えりこ》
発行者／山下直久
発行／株式会社KADOKAWA
〒102-8177　東京都千代田区富士見2-13-3
電話0570-002-301（ナビダイヤル）

印刷所／大日本印刷株式会社
製本所／大日本印刷株式会社

●お問い合わせ
https://www.kadokawa.co.jp/（「お問い合わせ」へお進みください）
※内容によっては、お答えできない場合があります。
※サポートは日本国内のみとさせていただきます。
※ Japanese text only
定価はカバーに表示してあります。

ISBN 978-4-04-606632-9　C0095